太原北齐韩祖念墓

太原市文物考古研究所　编著

周富年　彭娟英　龙　真　主编

科学出版社

北京

内 容 简 介

本书是太原市文物考古研究所组织编写的考古报告。韩祖念墓是1982年原太原市文物管理委员会发掘的一座北齐墓葬，该墓位于太原西郊大井峪村，由墓道、石门、前室、甬道和后室组成，后室内壁饰彩绘壁画。墓葬出土遗物351件，大部分为陶俑、动物陶塑、陶器，少量釉陶器、铜器、琉璃器、金银器，另有墓主夫妇石墓志2盒。陶俑形神兼备、情趣盎然，表现出强烈的生活气息；20件小型铜器、1件琉璃高足杯，造型优美、工艺考究，是太原地区北朝考古的重要发现。

本书适合文物考古工作者、研究者、爱好者及相关人员参考阅读。

图书在版编目（CIP）数据

太原北齐韩祖念墓 / 太原市文物考古研究所编著；周富年，彭娟英，龙真主编. —北京：科学出版社，2020.6

ISBN 978-7-03-065384-0

Ⅰ.①太… Ⅱ.①太…②周…③彭…④龙… Ⅲ.①韩祖念—墓葬（考古）—发掘报告—太原 Ⅳ.①K878.85

中国版本图书馆 CIP 数据核字（2020）第 093858 号

责任编辑：孙　莉　蔡鸿博 / 责任校对：王晓茜
责任印制：肖　兴 / 封面设计：北京美光设计制版有限公司

*科学出版社*出版
北京东黄城根北街 16 号
邮政编码：100717
http://www.sciencep.com

中国科学院印刷厂 印刷
科学出版社发行　各地新华书店经销

*

2020 年 6 月第 一 版　开本：889×1194　1/16
2020 年 6 月第一次印刷　印张：9　插页：36
字数：389 000

定价：238.00 元
（如有印装质量问题，我社负责调换）

目　　录

插 图 目 录

插 表 目 录

图 版 目 录

第一章　发掘经过

　　20世纪80年代初，太原市政府为了改善民生，改变传统的家家户户燃煤做饭的落后面貌，决定在万柏林区大井峪村南修建一座焦化厂。刚开工不久，就在施工区域发现有古墓葬，施工方立即将这一情况报告太原市文化局。太原市文物管理委员会隶属市文化局，专门负责全市范围的古墓葬、古遗址和古建筑的保护工作。文管会接到市文化局的通报后，认为大井峪村地处晋阳古城遗址附近，为晋阳古城的墓葬埋藏区，应该引起足够重视。随即派出工作人员前往大井峪村施工现场，对发现的古墓葬进行清理。

　　这次考古工作从1982年8月初开始至当年12月底结束，前后历时5个月，发掘古墓葬有几十座，但其中最重要的当数唐张奉璋墓和北齐韩祖念墓，我们的主要精力也放在这两座墓葬的清理工作中。

　　我们先清理了唐代张奉璋墓。张奉璋墓坐北朝南，分为前后两室，墓室被淤土几乎填满。前室东西两壁开设小的侧室，室内淤积的胶泥中混杂有泥塑俑，因被胶泥挤压已不成形，估计高约10厘米。后室东西壁绘有青龙、白虎，室门上端绘朱雀，北壁上端绘玄武。墓室顶部绘有垂落的帷帐。棺床系二层砖砌，偏西北向。从残留骸骨分辨，墓主为头南脚北，但头骨已不在原位，置于室内西壁墙角。室内东南角处，置有一方墓志，除此以外，再无其他随葬物品。

　　接着清理了北齐韩祖念墓。这座墓葬发掘时间较长，前后历时4个月之久，工程施工对墓葬造成一定程度的破坏，致使墓道无法完整发掘。墓室顶部也有一定程度的破坏，壁画破损也较厉害，我们逐层清理墓室淤土，对出土遗物进行编号、包装和装箱。之后，紧锣密鼓地安排临摹壁画，12月底，终于按计划完成了所有工作。

　　韩祖念墓为夫妇合葬墓，墓葬坐北向南，斜坡墓道，墓室分前后两室，前室平面为刀形，顶部有盗洞；后室封门处，杂乱地堆放着陶俑。有武士俑、骑马俑以及猪、羊、狗等动物陶塑。后室弧边方形，顶部绘星宿图，西壁绘牛车出行图，东壁绘鞍马回归图，北壁绘墓主夫妇坐帐图。后室内偏西砌棺床，四角置石础，用以支撑帷帐。棺床上骸骨保存较差，仅存少量的骨渣，仔细分辨墓主为头南脚北，仰身直肢葬。墓室东南角放置韩祖念夫妇墓志。因盗掘扰乱，随葬器物大都已残缺，出土陶俑有步卒俑、骑马俑、官吏俑等，陶器有杯、盘、壶、鸡首壶等。墓中出土的各类陶俑，其比例适当，造型生动，均为模制。墓中出土的釉陶螭柄鸡首壶，釉色简洁明快，色调以青黄为主，胎质较粗，从这些特点来看，极可能是太原本地窑口烧制。特别值得一提的是出土的琉璃高足杯，其造型几乎与现代制品相仿，琉璃质地莹润，非常精美，毫无疑问，它是一件舶来品。琉璃制作始于公元前2000年左右，它出现于美索不达米亚（今伊拉克）或埃及的早期文明中心地。而制作中空的容器，大约在公元前一世纪，才在叙利亚出现。以后的数百年，一直作为一种昂贵的奢侈品。这件器物见证了北朝时期，中国与中西亚国家的贸易友好往来，因而愈发显得弥足珍贵。

　　据《北齐书》载，天统二年（566 年）授"开府仪同三司韩祖念为司徒"。天统三年（567年）秋八月，授"司徒韩祖念为大将军"。天统四年（568 年）韩祖念"薨于云州之镇（云州为侨置，在今山西文水一带），春秋五十八"（见墓志）。韩祖念从委以重任到进封为王，正值短暂的北齐王朝中期，社会尚为安定。韩祖念作为当时上层社会一个重量级人物，其墓葬形制、随葬器物、墓室绘画等，基本能够代表北齐上层社会的丧葬观念和文化水准。

　　综上所述，韩祖念墓的发掘，为我们研究北齐时期的晋阳经济和文化提供了一批难能可贵的实物资料。

第二章 地理环境与历史沿革

韩祖念墓位于太原市万柏林区小井峪街办大井峪村附近的太原焦化厂内。墓葬所在的大井峪村位于吕梁山余脉悬瓮山东侧，南为聂家山村、北为小井峪村、东为沙沟村。东南距义井城址（三角城）约2.7千米，东北距"捍胡城"约2.8千米。大井峪村北为大井峪街，西为太原西环高速公路（图一）。

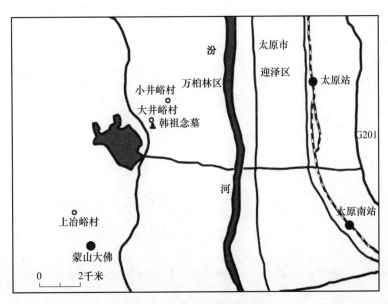

图一　韩祖念墓位置示意图

太原是山西省省会，山西省政治、经济、文化、交通和国际交流中心。全市总面积6988平方千米。太原市东临太行山，与盂县、寿阳交界；南与榆次、交城相临；西依吕梁山，与离石、方山、岚县交界；北与忻州相临。太原市西、北、东三面环山，中、南部为河谷平原，整个地形北高南低呈簸箕形。海拔最高点为2670米，最低点为760米，平均海拔约800米。黄河第二大支流汾河自北向南纵贯太原市全境，流经境内约100千米。

太原属北温带大陆性气候，四季分明、日照充足，昼夜温差较大，夏季炎热多雨，冬季寒冷干燥，夏秋降雨集中，冬春旱多风。年平均气温9.5℃，无霜期平均202天，年均降水量456毫米。

太原历史悠久，依山傍水，周围有太行山、吕梁山为屏障，平川地带地势平坦，土地肥沃，农牧业发达。在太原西部的古交山区，早在距今五六十万年前，就有人类繁衍生息。古交地区旧石器文化遗存丰富，涵盖旧石器时代的早、中、晚期，是中华文明多元发展的重要组成部分。新石器时代以来，太原市又先后出现了"义井文化""东太堡文化""光社文化"等考古学文化。商至西周时期，太原盆地属于诸戎群狄的势力范围。春秋时期，晋国势力进入太原盆地,最终奠定了战国时代的政治格局。此后太原先后为赵国初都、秦太原郡、西汉代国、太原国、并州刺史部。之后,太原又作为东魏"霸府"、北齐"别都"、盛唐"北都""北京"等出现在历史舞台。五代十国时期,后唐、后晋、后汉、北汉等政权或发迹于晋阳,或以此为国都,故时人称为"龙城"。北宋以来,太原的地位虽然有所下降,但这里仍然是太原府治所在地,依旧在我国发展史上发挥着重要的作用。

韩祖念墓所在的大井峪村及其周边区域,历史文化遗存也十分丰富,多年来,先后发现了春秋—汉代小井峪墓群、汉代义井墓群、黄坡东汉墓、北齐贺拔昌墓、隋代斛律彻墓、唐代张嘉庆墓、唐代张嘉宾墓、唐代张奉璋墓、寨沟隋唐墓、唐代龙氏家族墓群等墓葬或墓葬群,上述墓葬墓主人有些是胡族,据此,本地有学者推测,东魏北齐至唐代,"三角城"可能为胡人聚居区。也许这个时期的"三角城"和"捍胡城"就是为安置胡族而建置的。

第三章　相关说明、墓葬形制和出土遗物分布情况

一、相 关 说 明

关于墓葬资料需要说明以下两点：

第一，韩祖念墓发掘于1982年，由于时间久远，出土遗物几经辗转，显得有些零乱，当年的发掘资料保存至今的已经所剩不多了。我们仅从发掘者手中获得一张当年绘制的并不完整的墓葬平面示意图和一些零星的发掘记录材料，因此，墓葬形制等相关数据基本上取自墓葬平面示意图、临摩壁画稿和发掘记录。在编写此报告过程中，我们与墓葬发掘者张崇颜、阎跃进两位先生取得联系，请他们反复回忆当年的发掘情况，通过先生们的说明和解释，我们对该墓葬的形制、陪葬品分布有了较为清晰的了解。

第二，在墓葬平面示意图（图二）中，我们可以清楚地看到墓室东南角置放2盒墓志，墓志都由盖和志两部分组成。在整理此报告时，我们仅看到韩祖念本人的墓志，其夫人墓志已经在1999年的一场突发的大火中被烧毁，遗憾的是墓志拓片也没有存留下一张，因此有关韩祖念夫人墓志的文字信息无法确切获知。但是，据发掘者张崇颜先生回忆，韩祖念夫人墓志文记录韩夫人下葬时间为大隋三年。

二、墓 葬 形 制

墓葬位于太原万柏林区大井峪村南，现焦化厂内。地表未见封土，墓向186.5°。墓葬坐北朝南，自南向北由墓道、石门、前室、甬道和后室五部分组成（图二）。墓室砖筑，砖面饰绳纹，砖长33~35、宽16~17、厚6~6.6厘米。

墓道：土坡状，墓道宽约2.37米，深度、长度不详。

石门：位于墓道北端，东西两壁内收，用条砖砌出门洞。门洞两伏两券，地面铺砖，门宽1.28、进深0.9米，高度不详。门洞内安装一道石门框，拱圆形石门额，两根方形石门柱，石门柱宽28.5、厚18.5厘米。未装石门扇，门框外用单砖封堵，形成第一道封门。本报告中介绍的出土于"门前"的遗物就分布在墓道近石门处。

前室：穿过石门框进入前室。前室砖筑，近方形，地面铺砖，拱券顶，东西宽1.79、南北长1.97米，据发掘者回忆前室高度低于后室。前室北端，东壁内收，宽度变窄，出现第二道封门。前室南端通过石门与墓道相接，北端通过第二道封门与甬道连接。前室未出土陪葬品。

甬道：跨过第二道封门进入甬道，甬道砖筑，地面铺砖，顶部为拱券结构，与前室形成"刀把形"结构，发掘者在"发掘经过"中将此二者合为一体，称其为"前室"。甬道宽0.72、南北长1.39米，高度不详。甬道近后室封门处出土少量陶俑和动物陶塑，这些遗物的原始标签

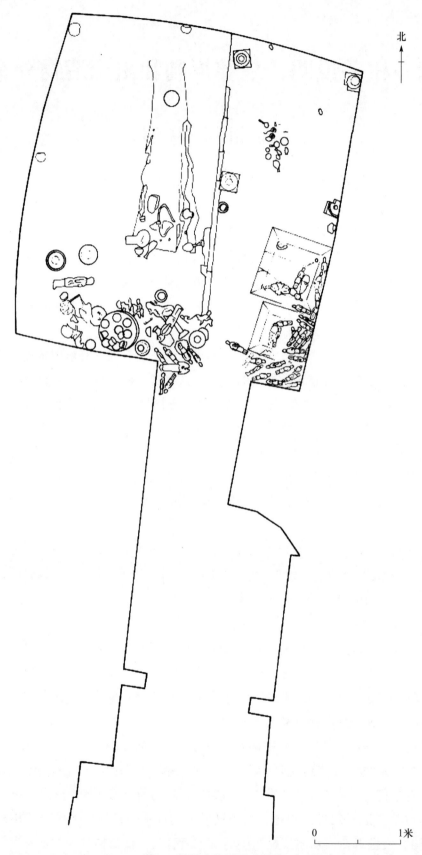

北

图二 韩祖念墓平面示意图

0   1米

上位置一栏标示为"墓室封门前"。

后室：位于甬道北端，与甬道间隔以第三道砖封门，此封门宽 0.72 米，高度不详。据发掘记录，后室内淤泥厚约 2 米，淤泥表面至墓顶 2.8 米，可大致推算出墓室内部高度约为 4.8 米。后室砖筑，平面近方形，南北长 3.65、东西宽 3.6 米。地面铺砖，四壁稍外弧，墓壁先用丁砖筑底，接着按三顺一丁砌法，四组此种结构形成墓室直壁，接着仍以三顺一丁向上叠涩内收，形成穹窿顶。后室内壁表面用白石灰浆水刷抹，白灰层厚约 0.1 厘米，极为稀薄酥脆，透过白灰地杖可以十分清楚地看到墓室墙壁的砖体轮廓。白灰壁面上满布壁画，只是由于壁画白灰地杖层薄弱之故，致使壁画保存状况不佳。墓室顶部绘星宿图，西壁绘牛车出行图，东壁绘鞍马回归图，北壁绘墓主夫妇坐帐图。除壁画外，后室西侧砌筑棺床，其上放置墓主夫妇木棺，棺床以东和以南集中放置不同质地的陪葬品。

三、出土遗物分布情况

韩祖念墓出土遗物合计 351 件，其中陶质遗物 315 件，铜器 20 件，琉璃器 9 件，金器 1 件，银器 2 件，石质碎片 4 件。另有石墓志 2 盒。

墓室（甬道近后室封门处和后室）共出土遗物 275 件。其中，甬道近后室封门处（原始标签所标示位置为"墓室封门前"）出土遗物 58 件；后室（原始标签所标示位置为"后室"）出土遗物最为丰富，计 184 件（琉璃器和金属器 32 件，陶俑、动物陶塑和陶器 152 件）；丢失原始标签而无法确定出土位置的遗物 33 件（陶俑 24 件、动物陶塑 3 件、陶器 4 件、釉陶器 2 件）。

墓道近石门处（原始标签所标示位置为"门前"）出土遗物 76 件（陶质遗物 72 件，石质碎片 4 件）。

如前所述，韩祖念墓位于太原西山坡地，长期受到山洪冲击，墓室内淤积泥土厚约 2 米，可以想见，摆放在墓室内部的各种器物在泥沙水流的裹挟中，难免会漂流易位。在墓葬平面图中，随葬品虽然分布较集中，但都呈现出倒伏状，而一些质地较轻的器物如陶罐已经被外力推移至墓室四壁处。

后室内依西墙砌棺床，棺床上骸骨仅存少量骨渣，仔细分辨墓主葬式为头南脚北的仰身直肢葬。外侧棺木保存较好，棺南头宽，北头略窄，墓主头部位置分布着较多随葬器物，棺内墓主脸部位置出土一件银质下颌托，棺外南侧分布一些小件器物，有琉璃高足杯及其他琉璃器。另外在后室中部靠近棺床处堆放一组小型铜器，这些器物极可能与棺内墓主同时下葬。

"下颌托，丧葬用品，其材质多使用扁平状铜条制成，其他材质有金、银、锡以及棉、毛、绢等织物，金属材质多选用硬度适中，有一定韧性者，故以铜质最多，银质次之，锡、金少见。"[1] 下颌托用于固定死者面部以防变形，中国最早的下颌托实物出现于公元前 10～公元前 8 世纪的新疆，北魏时期传入内地。冯恩学先生认为："下颌托是受祆教祭司神灵戴口

---

① 王银田、王亮：《再议"下颌托"》，《暨南史学》第九辑，广西师范大学出版社，2014 年。

罩的艺术形象影响而产生的神器，具有神灵佑护的含义。"① 总之，下颌托这种丧葬用品从中亚传入我国，是中亚民族特别是粟特族较为常用的丧葬品，有学者认为多为女性墓主所使用。或可以推测，韩祖念墓出土的银质下颌托（图版八，2），可能为其夫人所拥有。由此推知，棺床内侧应是韩祖念本人棺木停放处，外侧应是其夫人棺木停放处。

陶质遗物较丰富，出土有武士俑、骑马俑等陶俑，猪、羊、狗等动物陶塑，杯、盘、壶、鸡首壶等陶器。陶俑、动物陶塑及陶器主要分布在墓门东西两侧，在后室东壁处及墓志上亦有陶俑分布。

后室东南角放置韩祖念夫妇墓志 2 盒，韩祖念墓志尺寸较大，其夫人墓志尺寸较小。后室四角放置石础，用以支撑帏帐。

---

① 冯恩学：《下颌托——一个被忽视的祆教文化遗物》，《考古》2001 年第 2 期。

第四章　出土遗物及壁画

遗物主要分布在甬道近后室封门处（原始标签所标示位置为"墓室封门前"）、后室封门前、后室东壁处（原始标签所标示位置为"后室东侧"）、后室西壁处（原始标签所标示位置为"后室西侧"）和墓道近石门处（原始标签所标示位置为"门前"）。出土遗物原始标签中的"墓室""后室"实际上是对后室封门内外两个地点的表述。

由于出土在甬道的遗物、丢失原始标签的遗物数量较少，且与后室出土遗物形制面貌一致，所以整理过程中将三者合并，以"墓室"为单位统一介绍。

"门前"指墓道近石门处。这一地点的出土遗物合计76件（72件陶质遗物，4件石质遗物），均为残片，类型有陶俑、动物陶塑、陶器、釉陶器、瓦当和石质件。另外，"门前"还有一些零碎陶片和石器残片，为了便于整理，将多件残片集中在一起，编作1个整理号，视为1件器物处理，因此实际数量应多于此数字。

一、陶 质 遗 物

经过整理，韩祖念墓出土陶质遗物计315件，其中甬道近后室封门处（"墓室封门前"）出土陶质遗物58件，后室出土陶质遗物152件，甬道近后室封门处和后室出土的失去原始标签的陶质遗物33件；墓道近石门处（"门前"）出土陶质遗物72件。考虑到墓室与"门前"出土陶质遗物的差异，故将两者分开介绍，即本节（一）～（四）介绍墓室出土陶质遗物，（五）单独介绍"门前"出土陶质遗物。

以墓室为整理单位的甬道和后室出土陶质遗物共计243件。陶俑176件，分作5大类，步卒俑141件、骑马俑12件、骑骆驼俑1件、文吏俑9件、女侍俑13件；动物陶塑24件，其中镇墓兽1件、大马2件、羊10件、猪8件、狗2件、鸡1件；陶器41件，包括红陶碗2件、灰陶碗12件、盒8件、盖2件、灶1件、红陶罐1件、灰陶罐6件、螭柄鸡首壶2件、瓶1件、大盘2件、灯4件；釉陶器有螭柄鸡首壶2件。出土标签所标示的出土位置主要有：墓室封门前（甬道近后室封门处）、后室封门前、后室东侧、后室西侧。

（一）陶　　俑

陶俑共176件，占墓室出土陶质遗物总数的72%。其中步卒俑141件、骑马俑12件、骑骆驼俑1件、文吏俑9件、女侍俑13件。

1. 步卒俑

单兵持械，共141件，占陶俑总数的80%，是组成随葬仪仗队伍的主体。计有镇墓武士俑2件，执盾武士俑60件，铠甲武士俑19件，垂臂执物武士俑46件，曲臂武士俑11件，三棱风帽俑2件，佩剑武士俑1件。具体情况分述如下。

镇墓武士俑，2件（Hzn-1和Hzn-2），泥质灰胎，完整。按照原始标签，出土于后室西侧1件，1件原签遗失。Hzn-1，高47.2、宽15.8、厚12.3厘米。俑呈站立状，神情专注严厉，威武不可侵犯。脸庞宽圆，五官紧蹙，倒"八"字眉，杏目圆睁，鼻翼扩张，双唇咧开，牙齿紧咬。戴白色圆顶兜鍪，鍪顶部中心附一圆盖，顿项①平直垂至颈部，连接红色项圈，两侧有可掀动的耳护，正面裁出大"心"形面廓，额部呈锐利的尖状，平贴于眉心间。面廓附内衬，贴护面颊。鍪顶下缘及面廓饰红色宽边。身披镶红边白色鱼鳞甲披膊，披膊护至肘下。内穿白色长襦，外罩橘红色明光铠②，腰系宽黑带。内衣底边长出铠甲，于膝部堆叠出褶皱衣纹。明光铠胸部左右镶嵌人面像，像脸圆胖，五官毕现，慈眉善目，似为老者。铠甲背面左右镶嵌椭圆形虎皮。俑右臂自然下垂，肘下露出窄衣袖，手向前虚握，呈一向上的圆形插物孔；左臂上曲至腰带上，小臂扶一长盾，手掌按住盾头。盾窄长，弧面，周饰宽边，下端方形，立于左脚面上，盾面中上部刻一呲牙咧嘴、浓须眉、三角耳、鼓泡眼的怪兽面孔，一条竖带由兽头向上引出延伸至盾首。俑下身穿白袴，袴膝部臃肿，袴口宽大，盖住脚面，露出黑色圆头鞋（图三；图版三九）。

执盾武士俑，共60件，有泥质灰陶和泥质红陶两种。俑呈站立状，左手执盾，右手执武器，按其神情、帽式、着装和体态的不同，分二型。

A型，27件（Hzn-3～Hzn-29），2件头佚身残，6件身有裂痕，5件足部有损伤。按照原始标签，出土于墓室封门前8件，后室封门前6件，后室东侧9件，3件原签遗失。胎有红胎和灰胎两种，其中泥质红胎23件，泥质灰胎4件，前者通体被污物浸渍，青斑点点，体色暗沉黑红；后者体表清洁，服色鲜艳。Hzn-7，高23.5厘米。俑并脚站立，头微向左前方，面相长圆，宽额圆腮，鼻梁挺直，嘴角微翘，耳廓分明，弯眉细目和"八字"胡须由墨线描出。头戴圆顶折角风帽③，帽顶黑色，中部有一纵向折痕，帽顶周饰红色细圆箍，另有红巾由颈后向前围起，沿发际至帽顶两侧，别进圆箍并折出两角④。身着窄袖过膝窄体橘红长襦，腰系白点黑带。右肩袒露，肩部浑圆，肩领在臂后自然翻出垂下，盖过腰带拖至肘下，长

---

① 连接在头盔后面的帘子状物体。

② 《中国古代兵器》（陆敬严，西安交通大学出版社，1993年）第62页："这种铠甲的胸前、背后有大型金属圆护，很像镜子，每当太阳照耀圆护，即反射出明光，是称：'明光铠'。"

③ 据《太原南郊北齐壁画墓》（山西省考古研究所、太原市文物管理委员会，《文物》1990年第12期），该墓出土的骑马俑、武士俑所戴帽与此俑相同。据《北齐库狄迴洛墓》（王克林，《考古学报》1979年第3期），该墓出土的负盾武士俑与此俑帽相同。据《太原北齐徐显秀墓发掘简报》（山西省考古研究所、太原市文物考古研究所，《文物》2003年第10期），该墓出土A式武士俑、B式持盾俑均戴此帽。据《北齐东安王娄睿墓》（山西省考古研究所、太原市文物考古研究所，文物出版社，2006年），该墓出土的执盾武士俑、执物武士俑、击建鼓乐俑、击鼓俑、吹潮儿俑、吹觱篥俑、右手扛旗羽葆俑均戴此种帽。据《太原西南郊北齐洞室墓》（山西省考古研究所，《文物》2004年第6期），出土的持物男侍俑帽式与此俑的相同。

④ 《后汉书·郭符许列传第五十八》卷六十八："（郭太）裹衣博带，周游郡国。尝於陈梁间行遇雨，巾一角垫，时人乃故折巾一角，以为'林宗巾'。"

图三　镇墓武士俑（Hzn-1）

襦左肩领于两手间斜拉过胸前。双臂弯曲紧贴肋部，左手执白色镶红边云头长盾^①，右手作执物状，手心有孔^②（有个别俑手心孔上下贯通，并留有木质器械痕迹）。下穿白裤^③，裤口盖过脚面，露出黑色圆头鞋（图四；图版九）。

B型，33件（Hzn-30～Hzn-62），泥质灰胎。7件头佚，1件下身残，3件足残，4件颈部有裂痕。按照原始标签，出土于墓室封门前10件，后室封门前6件，后室东侧12件，

---

①　《周礼·正义》卷六十一注载："狭而长者曰上盾，步兵可持，与刀相配者也。狭而短者曰子盾，车上所持者也，子，小称也。以犀皮做之曰犀盾，以木作之曰木盾，皆因其所用为名也。"

②　《中国古代兵器》第38页："南北朝时，一般步兵的标准装备，仍为环首刀及盾，从当时的壁画资料上都能看到这种形象。"

③　据《河北磁县东陈村东魏墓》（磁县文化馆，《考古》1977年第6期）、《河北磁县东魏茹茹公主墓发掘简报》（《文物》1984年第4期）、《河北赞皇东魏李希宗墓》（《考古》1977年第6期）、《河北省吴桥四座北朝墓葬》（河北省沧州地区文化馆，《文物》1984年第9期）、《河北磁县北齐高润墓》（磁县文化馆，《考古》1979年第3期）、《河北平山北齐崔昂墓调查报告》（河北省博物馆、河北省文物管理处，《文物》1973年第11期），这些墓葬出土的着裤俑，裤衣皱褶繁缛、拖沓。太原北齐墓出土的着裤俑，裤在膝部前后显出雍肿，并没有太多皱褶，清爽简洁许多。此墓俑的裤褶就是这样。有关裤褶，参见《中国古代服饰研究》（沈从文，上海书店出版社，2002年）第252页："南北朝武俑出土极多……外罩袍服，下面大口裤加缚，便成一时流行裤褶服。唐人因此称'临戎之服'。袍服一脱，即可作战。脱卸既极便利，是以南北流行，唐、宋还未尽废。"

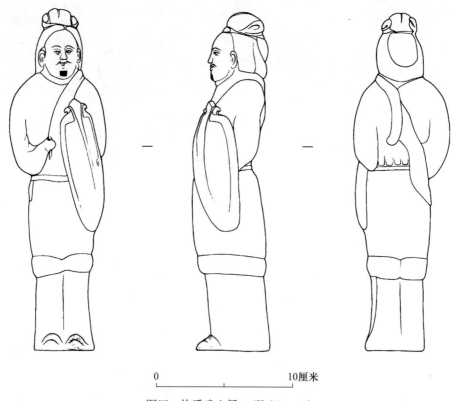

0　　　　　　　　　　　　10厘米

图四　执盾武士俑 A 型（Hzn-7）

后室西侧 2 件，3 件原签遗失。Hzn-30，高 22.5 厘米。俑呈并脚站立状，面颊长圆，表情严肃，眉毛长弯，双耳露出。头戴翻耳扇圆顶风帽①，帽顶黑色，顶部中央有一纵折痕，帽周饰红圈箍，帽护耳、护颈在额前、脑后左右分开翻起，穿过红圈箍，护耳上翻部分为红色，护颈翻起部分再下折，呈黑色半月状。帽侧下沿固定红色系带，每侧两条，于耳前后下拉分别合并为一条红带，双侧红带在颌下再打结紧束，留出两个长叶状带角。内着圆立领紧身白衣，外穿大开领窄袖紧身过膝红襦，白色内衣长过红色外襦，底边皱褶迭起。风帽顶和长襦领面有针尖状圆凹点，经色料装饰，质地仿佛为动物皮毛。腰系白点黑带。左臂抬起至腰际，执镶红边白色云头长盾，盾头盖过胸前领口衣襟，右臂自然下垂，长袖口成扇状堆积，没过指尖，手部位置有一柱状向上插物孔。下着白色大口裤，脚穿圆头黑鞋（图五；图版一〇）。

铠甲武士俑②，19 件（Hzn-63～Hzn-81），泥质灰胎。1 件头佚，2 件头身有裂痕，1 件足

---

　　① 已经出土的其他北齐墓葬陶俑未见此种帽式。

　　② 据《北齐东安王娄睿墓》，此类铠甲俑娄睿墓也有出土。报告中称作"甲衣武士俑"，但其制作精细程度不及此俑，娄墓俑面相圆胖，露出喜态，武器挂件及站立姿态与此俑也有很大不同。娄睿墓中的镇墓武士俑兜鍪形制与此俑的相似。据《太原北齐徐显秀墓发掘简报》，徐显秀墓没有出土此种类型俑，但镇墓武士俑兜鍪形制与该俑有类似之处。据《太原西南郊北齐洞室墓》，该墓出土的镇墓武士俑、披鍪武士俑所戴兜鍪与此俑帽制相似。据《太原沙沟隋代斛律彻墓》（山西省考古研究所，科学出版社，2017 年），该墓出土的甲骑具装俑帽式与此俑接近。

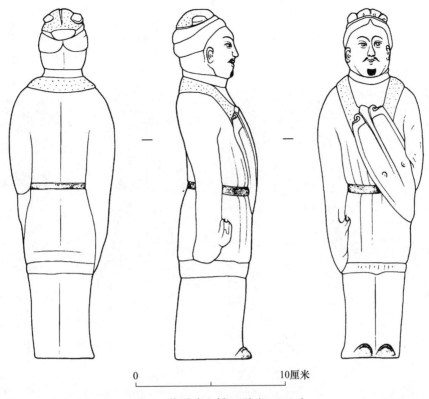

0　　　　　　　　　　　10厘米

图五　执盾武士俑 B 型（Hzn-30）

残。按照原始标签，出土于墓室封门前 7 件，后室东侧 6 件，后室封门前 5 件，1 件原签遗失。Hzn-68，高 24.4 厘米。俑双脚呈"八"字形站立，胸腹突出，面色白净，眉清目秀，鼻梁挺直，神色凝重。头戴白色圆顶兜鍪，上附小圆顶盖，两侧附耳廓和可掀动耳护；鍪前额部呈弧边锐利的尖状，贴护眉心间；顿项饰竖条状墨线，线条呈披针形细长叶状，似为动物皮毛材料。顿项平直下垂至颈下围起，前面裁出"心"形面廓，贴护面颊，下颌部扣合。鍪顶下缘、面廓饰红色宽边，顶盖正中描画"十"字形红色细线带，放射状向下延伸与鍪下缘宽红带和眉心尖角处相接。俑内穿橘红色窄袖长襦，外着白色长环状甲片联缀成的铠甲，肩披镶红边虎皮披膊，膊护至肘下，腰系白点宽黑带。左臂自然弯曲，小臂衣纹堆迭，左手掌展开，手背向外，虎口握在腰带上沿，手部刻画极为细致。右臂自然下垂伏在腰腹间，手隐在长袖里。腰带后面左右两侧，分别悬挂皮质长剑鞘和白点黑色刀鞘。下着白色大口裤，脚面裤口有挽折痕，露出黑色圆头鞋（图六；图版一一）。

垂臂执物武士俑[①]，46 件，有泥质灰陶和泥质红陶两种。红胎泥料颗粒较大、杂质较多，致使胎体酥脆，破损率较大。由于胎质疏松，俑表粗糙，表层色层与胎体本色互沁，俑体表色由橘红变成黑红色，并间杂乌斑，整体色彩暗沉、污秽。灰胎质地细腻，结构紧密，破损率比较小，能较好保持原色彩，但色层起壳剥离，颜料层脱落严重，致多数灰泥胎俑胎体裸露。按陶质和帽的样式可分二型。

---

① 据《太原沙沟隋代斛律彻墓》第 61～73 页："黑色幞头仪仗立俑……最具特征的是头戴黑色软脚幞头，额前脑后均有燕尾形结。"

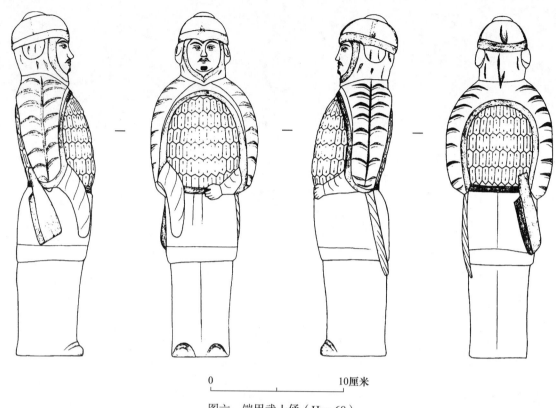

0　　　　　　　　　　10厘米

图六　铠甲武士俑（Hzn-68）

A 型，31 件（Hzn-82～Hzn-112），泥质灰胎。8 件头佚，1 件头佚身残，4 件足残，3 件颈裂，1 件腿裂。按照原始标签，出土于后室封门前 15 件，后室东侧 4 件，后室西侧 4 件，墓室封门前 7 件，1 件原签遗失。Hzn-85，高 22.8 厘米。双脚呈"八"字形站立，头略前倾，目光向下，表情哀伤。面部额丰腮瘦，弯眉俏鼻，眉骨突出，耳廓清晰。头戴黑色缚带平顶帽，帽似倒置船形，平顶，前后钝圆，两侧斜直向上起棱，帽后起棱处刻划出深折痕。帽缘外围左右两侧分结麻花带，带向前渐细，端头打结后，平齐贴在额头，麻花带向后渐粗，脑后打结，留出两个较长带角，自然垂至颈肩和衣领上。身着橘红圆领右衽长襦，腰系白点黑带，左臂弯曲伏在腰间，窄长袖贴在襦前摆上。右臂自然垂下贴在身侧，小臂过腰略向前，长袖口衣纹堆积如扇面，手部位置处向上开一柱状插物孔，物已朽。下着白色大口裤，黑色圆头鞋露出裤口（图七；图版一二）。

B 型，15 件（Hzn-113～Hzn-127），泥质红胎。7 件头佚，1 件头佚身残，4 件颈裂，1 件颈裂帽残，1 件身裂。按照原始标签，出土于后室封门前 4 件，后室东侧 4 件，墓室封门前 6 件，1 件原签遗失。Hzn-113，由于胎色外沁，红胎色与橘红色、白色相杂，使面部和体表原色发生变化，五官黑色描画线也脱落不清。高 21.7 厘米。俑双脚并立状，头略低下，目光呆滞，神情木讷。阔额瘦腮，高鼻杏目，眉梢上挑，眉鼻结构似"丫"字形。头戴黑色缚带圆顶帽，帽顶依头形呈尖圆顶，后面 2 道折痕，帽沿圆形，帽周缘缚粗麻花带，带于前额系结，端头厚且长，分搭于太阳穴至耳际间，带又于帽后两折痕间打结，留出粗长带头，下垂至肩领下。身穿橘红宽圆领右衽长襦，腰系白点黑带，左臂弯至腰间，长窄袖伏在左侧襦摆上。右臂长伸贴于身侧，袖口向前弯折，手部开上下贯通圆柱状插物孔，物已朽。下着白色大口裤，黑色圆头鞋露出裤口（图八；图版一三）。

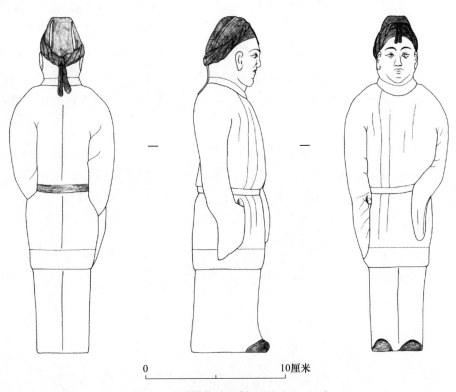

0　　　　　　　　　　10厘米

图七　垂臂执物武士俑 A 型（Hzn-85）

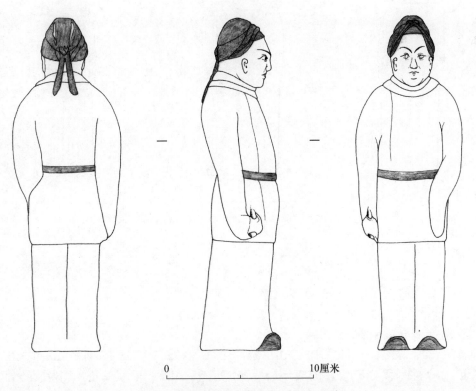

0　　　　　　　　　　10厘米

图八　垂臂执物武士俑 B 型（Hzn-113）

　　曲臂武士俑，11 件，泥质灰胎。高 23.4 厘米。双脚并立状。丰额，弯眉，杏目，高鼻，墨线描绘眉、眼和须，嘴唇残留红色颜料，两耳露出。头戴翻耳扇圆顶风帽[①]，内着白色圆立领襦，双手外露，窄袖紧口，外罩橘红圆领右衽长襦，袒右肩，长至膝部，腰系白点黑带。左衣领在胸前向外翻折出，左袖挽起至肘部；右衣领搭在后背左侧并向外翻出，衣襟斜过后背，夹于右臂下，长袖于肘下顺着腰带向前，袖口别进腰带[②]，使衣服紧贴身体，没有皱褶拖沓之感。两臂弯曲，左臂弯向上，伏在左肋侧，右臂伏在胸侧靠下位置，两手虎口向上，均作握物状。下身着白色大口裤，黑色圆头鞋露出，脚面裤口有浅细挽折痕。按照执物方式、俑体手部与身体特征可将此类俑分作四型。

　　A 型，曲臂武士俑，7 件（Hzn-129～Hzn-133、Hzn-135、Hzn-136），3 件身有裂痕，1 件颈裂足残。按照原始标签，出土于墓室封门前 2 件，后室封门前 2 件，后室东侧 2 件，后室西侧 1 件。Hzn-129，两手虽作握物状，但手心没有插物孔（图九；图版一四）。

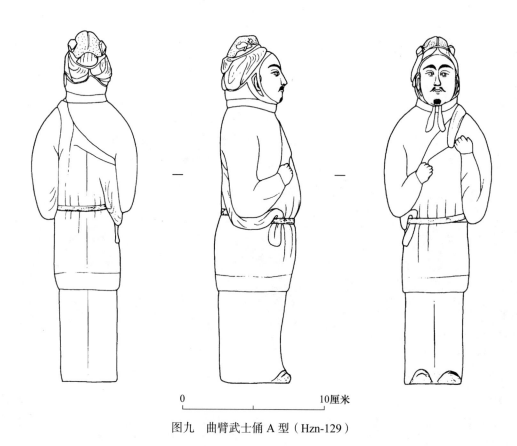

0　　　　　　　　　　　10厘米

图九　曲臂武士俑 A 型（Hzn-129）

---

　　① 与执盾武士俑 B 型的帽式完全相同。

　　② 插衣襟于带，谓扱衽。《礼记·曲礼下》："苞屦、扱衽、厌冠，不入公门。"陈澔集说："扱衽，以深衣前衽扱之於带也。盖亲初死时，孝子以号踊履践为妨，故扱之也。"三国魏李康《运命论》："扱衽而登钟山、蓝田之上，则夜光玙璠之珍可观矣。"此处将袖口缠于带，可能与"扱衽"有关。

B 型，曲臂双手执物武士俑，2 件（Hzn-128 和 Hzn-138），均完整。按照原始标签，皆出土于后室东侧。Hzn-128，身体色料层脱落较多。两手虎口插物孔较深直，按照所执物体在衣面留下的痕迹，双手似是向左肩方向执握同一件兵器。Hzn-138，左腿至足部有纵裂痕，属烧制时形成的原胎裂痕。左肘下腰带处向外开一筷子粗细深圆孔，两手心插物孔朝左肩方向，孔较浅，依所执物体在衣面的留痕，似为大型兵器先横置于腰间，由腰部起到主要承重作用，再由两手执兵器上部起到辅助固定作用（图一〇；图版一五）。

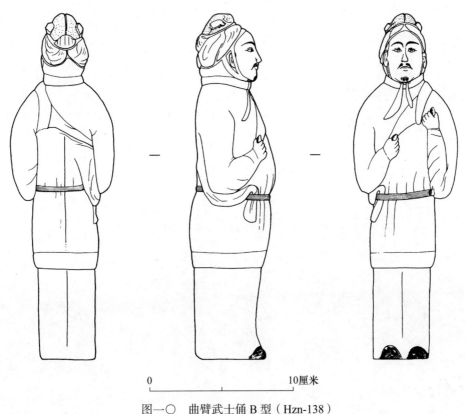

0 — — 10厘米

图一〇　曲臂武士俑 B 型（Hzn-138）

C 型，曲臂右手执物武士俑，1 件。Hzn-134，完整。按照原始标签，出土于后室东侧。右手虎口向上开一较小圆孔，可知所执物体量较小，在翻折右襟下沿有一尖圆形贴痕，推测右手可能是将物体向上举起（图一一；图版一六）。

D 型，曲臂左手执物武士俑，1 件。Hzn-137，完整。按照原始标签，出土于后室东侧。头面部、小臂色层脱落较多，唇眉描画墨线几乎不存。左手执物，插物孔向上，孔深直粗大，右手拇指受损伤，只残留指根，所执物体在肩领间竖直压出深长的尖圆状痕迹，推测此件武器高大粗壮（图一二；图版一七）。

三棱风帽武士俑，2 件（Hzn-148 和 Hzn-149），泥质灰胎，2 件均残。Hzn-148，身首裂开，左足稍残，经过贴接修复，基本完整。Hzn-149，头佚，残高 22.3 厘米。色层脱落。原始标签均遗失。Hzn-148，高 27.9 厘米。并脚站立，昂首挺胸。丰额圆腮，长耳垂肩，双目微合，秀眉，高鼻，厚唇，嘴角微上扬，正面显出憨态，侧面微有笑意。头戴黑色三棱

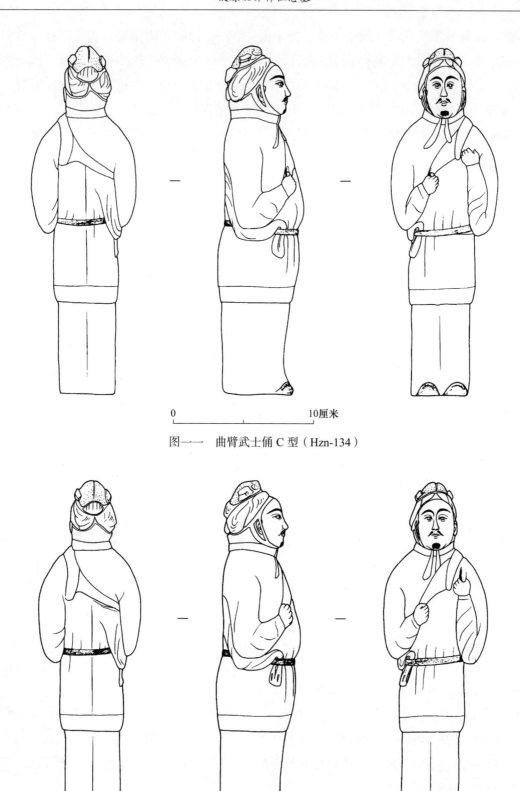

0　　　　　　　　　10厘米

图一一　曲臂武士俑 C 型（Hzn-134）

0　　　　　　　　　10厘米

图一二　曲臂武士俑 D 型（Hzn-137）

风帽①，帽顶为三条纵向尖棱，中间高，两边低，似"山"字形。沿两"山"谷线向后引出两条窄长带，带于帽顶后缘打结下垂。帽顶下缘接黑色披幅，幅面长宽，幅角方形，似方头铁锹状，顺着耳廓自然下垂，护住脖颈，披在肩背处，幅缘缝厚边。上身内着枣红色窄袖长襦，腰系黑色宽带，左臂稍弯扶在腰间，长袖蔽手置于腹前，右手自然下垂，袖口衣纹堆积如扇面，手部位置向上有一执物插孔。外披白色交领短袖大氅②，护起双肩及后背，下摆长至小腿处。氅领口交结，附窄短袖，短袖在氅后自然垂下，袖口宽松，搭在臀侧；氅两侧襟向后卷起，后底襟长圆，上面有2道向上弯曲的圆弧皱褶。下着白色大口裤，脚面露出黑色圆头鞋（图一三；图版一八）。

佩剑武士俑，1件。Hzn-150，原签遗失。泥质灰胎，头佚。残高21.2厘米，双脚并立状。面相帽制不详。内着白色窄袖长襦，腰系大白点黑色宽带。外披杏黄色短袖大氅③，氅衣领口交结，颌下露出两条细长带角，氅右袖垂下，袖口宽松，搭在肘侧。左臂着于氅袖中，弯曲至腰部，襦长袖遮手，下垂贴于腹部。右臂上弯，伏在腰间，襦长袖蔽手，袖口垂于腹前。左胯斜挂长剑鞘，鞘口宽扁，斜向上方；一柄长剑与剑鞘平行，剑首环套挂在左臂上，剑身隐于杏黄色大氅下，剑锋略显。右侧腰带悬挂一刀鞘，鞘头顶起氅衣，使氅衣后面底襟撩起，皱褶曲折，细节刻画逼真生动。下着白色大口裤，足穿黑色圆头黑鞋（图一四；图版一九）。

---

　　① 据《太原北齐徐显秀墓发掘简报》，徐显秀墓出土"三棱风帽俑"共计70件、"骑马俑"1件戴三棱风帽。另徐墓壁画中的大量武士头戴三棱风帽，如甬道口门吏、墓室北壁、东西壁、南壁的很多侍卫均戴此种帽。据《北齐东安王娄睿墓》，娄睿墓出土的"戴鲜卑帽武士俑"90件，报告称"头戴三棱形长帽"；"骑马吹俑"2件，报告中称其"头戴三棱形垂裙长帽"；"吹奏乐俑"5件，报告中称其"头戴朱红色卷耳扇长裙披缘风帽"。娄睿墓壁画中，墓道东壁第一层画群马前引图（画11）"左前方青年部曲头戴土黄色山字形长裙风帽（又称鲜卑帽）"；墓道西壁第三层壁画部曲鼓吹图（画29）"前二人正面像……戴黑色山字形风帽"；墓道西壁第三层壁画迎宾图（画30、画31）"戴黑色山字形鲜卑帽"；墓道东壁第三层壁画迎宾图（画32～34）"戴黑色山字形鲜卑帽"；墓道东壁第三层壁画部曲鼓吹图（画35）"戴黑色山字形风帽"。以上，虽然称谓有所不同，但均属同一帽式。再比较徐墓和娄墓壁画，此种帽式，娄墓壁画武士的"山字形"帽与陶俑之三棱风帽形制接近，只要更尖锐一些，而徐墓壁画中此种帽的"山"字顶钝圆，线条转折柔和。据《太原北齐张海翼墓》简报（李爱国，《文物》2003年第10期），该墓出土的仪仗俑C式，头戴"三棱风帽"。据《太原南郊北齐壁画墓》简报，该墓出土的"仪仗俑"21件，"头戴山字形黑风帽"。据《太原北齐库狄业墓》简报（太原市文物考古研究所，《文物》2003年第3期），该墓出土"三棱风帽俑A式、B式"，均戴"三棱风帽"，帽"山"形已经显出，只是谷线不够深切。据《太原北齐狄湛墓》简报（太原市文物考古研究所，《文物》2003年第3期），该墓出土的"三棱风帽俑"5件、"袒肩俑"13件，均戴"三棱风帽"，此帽"山"形高耸。据《太原北齐贺拔昌墓》简报（太原市文物考古研究所，《文物》2003年第3期），该墓出土的"三棱风帽俑"2件，简报称"头戴三棱风帽"，其实，帽顶更近圆形，只是顶部左、中、右部略突出，与"山字形"的"三棱风帽"还是有差别的。

　　② 据《太原北齐徐显秀墓发掘简报》，该墓出土的"三棱风帽俑"B式27件，外披橘红色大氅，氅衣袖短窄，且没有穿在臂上，其形制和衣着方式与此俑的完全相同。

　　③ 据《太原北齐库狄业墓》简报，该墓出土的"三棱风帽俑"A式18件，"披白麾（氅）"氅衣袖短而袖口较宽，悬垂于后。其形制与此俑氅衣较接近。

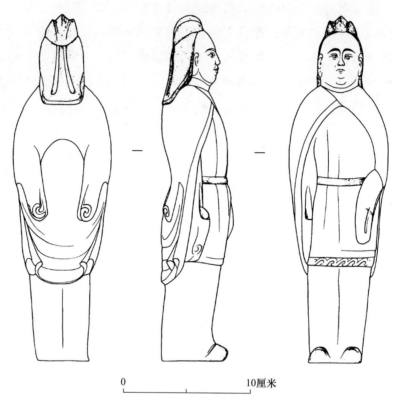

0   10厘米

图一三　三棱风帽武士俑（Hzn-148）

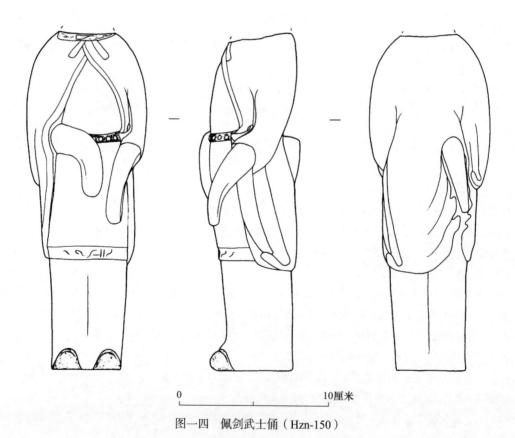

0   10厘米

图一四　佩剑武士俑（Hzn-150）

2. 骑马俑

此墓出土的骑马俑共 12 件，占墓室出土陶俑总数的 6.8%。骑马俑由人俑、马俑、底板和一些小配件组成，均为泥质灰胎。分模合范制成。马体分左右模，在半模中压进泥片，指压成形后，将左右两模合并，内里合缝处手指捏合。人体分前后模，同样方法，制作成形。将这两个独立体组装，合二为一，成为人、马组合体。最后粘接马腿，再对其外表结合处粘接、弥缝、刷泥水等，将人、马合体安装在方形底板上。另外，人物携带的一些小型物件，如鼓等，则需独立制作成形，再粘接到合适位置。骑马俑数量虽少，但按装束、姿态和形制却可分作七个类型。

击鼓骑马俑，2 件（Hzn-151 和 Hzn-152）。Hzn-152，按照原始标签，出土于后室东侧。马耳略残，通高 30、人高 21、马高 24.5、马体长 23 厘米。人俑上身挺直，面部丰颐，表情严肃，弯眉，杏目，口微张。头戴圆顶折角风帽[①]，上穿橘红色短窄袖圆领长襦，腰系带，下穿白色窄腿裤，裤口挽折小边，黑色尖头鞋。右肘、右腹和马颈右侧之间固定一橘红色圆鼓，鼓面斜向前，内空。右手举至右肩部，左手曲至胸前，两手心向右上方各开一孔，做执鼓槌状。马为枣红色，马口、鼻、耳和眼周均为白色，门、颈鬃红色，门鬃似桃形，覆盖在两目之间；颈鬃顺势披在颈两侧。马头戴黑色笼头，尖耳竖起，高眉大目，口微张，笼头带系于头颈部、两耳下、口鼻处，口衔与侧面笼头带打结。马背搭白色障泥和黑色鞍子，线描黑色攀胸和右侧缰绳，马尾基部向上勒起白色后鞧，与攀胸一起，将障泥和鞍子固定住，前后拉结（图一五；图版二〇）。Hzn-151，原签遗失。残损严重，马腿、马尾和人足残，人头、马头和底板佚。残高 20、人残高 16.6、马残高 16.7、马体残长 18.2 厘米。

骑马文吏俑，4 件（Hzn-153~Hzn-156），按照手部姿态和马头装饰的微小差异分作三型。

A 型，2 件（Hzn-153 和 Hzn-156）。Hzn-153，按照原始标签，出土于后室封门前。俑残损较重，人头、底板佚，马耳、马尾、四肢残。Hzn-156，按照出土标签，出土于后室东侧。马腿、底板残。通高 30.5、人高 22.5、马高 24.7、马体长 24 厘米。人俑长圆脸，广额丰颐，双目微闭，长

0 　　　　　10厘米

图一五　击鼓骑马俑（Hzn-152）

---

① 与执盾武士俑 A 型所戴帽式相同。

耳，细眉，高鼻。头戴小冠[①]，大小只盖住头顶，正面为扁圆小平台，向后斜直壁高起，顶部收为圆弧拱形。冠正面斜直壁左右对称阴刻拐折线纹，背面中部有一向上纵凹痕，侧面观之像无腿坐椅。人俑内着低圆领广袖橘红色长襦，外穿橘红裲裆，腰系红带，下穿窄腿裤，裤口饰小边，脚穿黑色尖头鞋。两只大袖口自然垂搭在大腿上，右臂自然曲至腰侧，手形硕大，手指毕现，握成拳状，虎口向上有插物孔；左臂上曲至左肋，握拳，有向上插物孔。马为枣红色，挺拔站立，口、眼、耳白色，蹄黑色，红尾呈尖削状，微微扬起。头系黑色笼头，口衔嚼子，双目圆睁，两目间贴附倒三角状泥片，上阴刻竖线以示门鬃，颈鬃由墨线隐约画出，披散在颈脊侧。墨线描画颈下攀胸、颈侧缰绳。马背搭白色弧边方角状障泥和黑色鞍子，马尾基部向上勒起黑色宽后鞦，与障泥固定，端头折回打结（图一六；图版二一）。

　　B型，1件。Hzn-154，按照原始标签，出土于后室西侧。人头佚，马腿、底板残，残

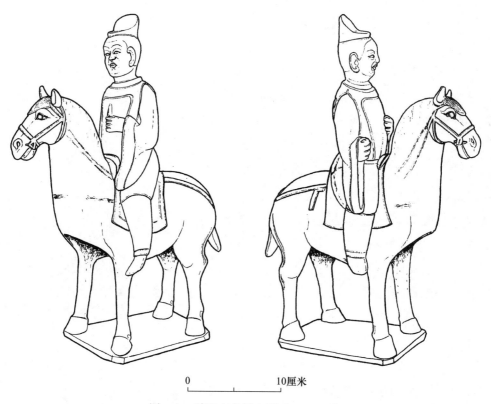

0 ——————— 10厘米

图一六　骑马文吏俑 A 型（Hzn-156）

---

① 沈从文《中国古代服饰研究》第 222 页："就南北朝材料分析，所谓小冠，多已无梁，只如汉式平巾帻，后部略高，缩小至于头顶，南北通行。北朝流行或在魏孝文帝改服制以后，直到隋代依旧不改。河南巩县石刻贵族行香人头上，且有缩小而加高，如顶个小箪子。和漆纱笼冠同时并行，惟箪子式冠（或帽）多限于地位特高的统治者身份使用。"《北齐东安王娄睿墓》《太原北齐徐显秀墓发掘简报》《太原北齐张海翼墓》《太原北齐库狄业墓》《河北磁县北齐高润墓》等报告或简报，称出土的同类冠均称作"小冠"。而据《河北磁县湾漳北朝墓》（中国社会科学院考古研究所、河北省文物研究所邺城考古工作队，《考古》1990 年第 7 期），称此种帽式，仍承汉代名称，为平巾帻。

高 25、人残高 17、马高 24、马体长 23 厘米。人俑面相帽制不详，装束和坐骑配饰与 A 型基本相同，不同之处在于人俑内着白色圆低领窄袖襦，外套长襦和裲裆；上曲左手更靠上和更靠左侧。马面部倒三角状门鬃略厚一些，且在耳目之间向左右各分出一绺（图一七；图版二二，1、2）。

　　C 型，1 件。Hzn-155，按照原始标签，出土于后室东侧。马耳、尾和人冠残，俑颈有裂痕，通高 31、人高 23、马残高 23.3、马体残长 22 厘米。人俑面相谦和，小冠顶部略有残损，装束和坐骑配饰与 A 型基本相同，不同之处在于俑双手上曲至胸肋侧，位于同一高度；马门鬃为倒三角形，厚且长（图一八；图版二二，3、4）。

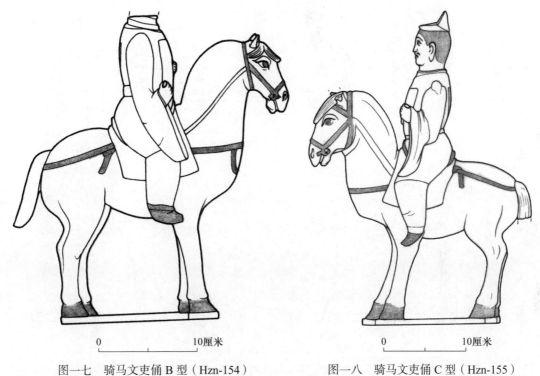

图一七　骑马文吏俑 B 型（Hzn-154）　　　　　图一八　骑马文吏俑 C 型（Hzn-155）

　　甲骑具装[①]俑，2 件（Hzn-157 和 Hzn-158），按照原始标签，Hzn-157 出土于墓室西侧；Hzn-158 原始标签遗失。Hzn-158，人足稍残，底板残损，马腿有裂痕。Hzn-157，底板裂开，修复完整，通高 28、马高 25、马体长 20.4、人高 21、剑长 8.3、剑鞘长 9.1、刀鞘长 7.2 厘米。人俑挺胸端坐马上，神色凝重。浓眉杏目，高鼻红唇，留"八"字胡须、额须。头戴白色圆顶兜鍪[②]，肩披镶红边鱼鳞甲披膊，上穿白色窄袖长襦，襦袖紧口，腰系黑带。右胯挂黑皮刀鞘，右臂下垂，手握拳，虎口有一向上执物孔；左胯挂黑色虎皮剑鞘，剑已出鞘，鞘口楔形，缀红色套环，左小臂枕放在腿面上，手执红色长环状缰绳，肘部套挂黑色环首斑剑，剑首环形，白

①　《宋史·志第九十六·仪卫一》卷 143 载："甲骑具装：甲，人铠也；具装，马铠也。"
②　帽式与铠甲武士俑所戴帽相同。

色。下着白色窄腿裤，腿面外加虎皮甲，脚穿黑色尖头鞋。马俑口鼻、四肢白色，蹄黑色[①]。周身披鱼鳞马甲，杨泓在《中国古代的甲胄》一文中将战马具装分为六部分，即面帘、鸡颈、当胸、身甲、搭后和寄生[②]。从铠甲接合情况看，此马甲似可分四个部分，即面帘、身甲、搭后和寄生，各部位马甲均镶宽红边，显示出马甲缝制的精细程度。马面护镶红边虎皮甲，即面帘，双耳被挤压贴伏在头侧，露出眼和口鼻，口衔黑色嚼子，头顶、颔下缀饰黑色缨子；身甲围护颈、胸及马体两侧，在马颈及背脊部位连接系紧；寄生甲和后搭甲均裁剪为圆弧底边，马臀部及左右侧披寄生甲，尾穿过甲孔，挽结成花，臀上铺后搭。在身甲和后搭之上，省却障泥，只固定黑色马鞍（图一九；图版二三）。

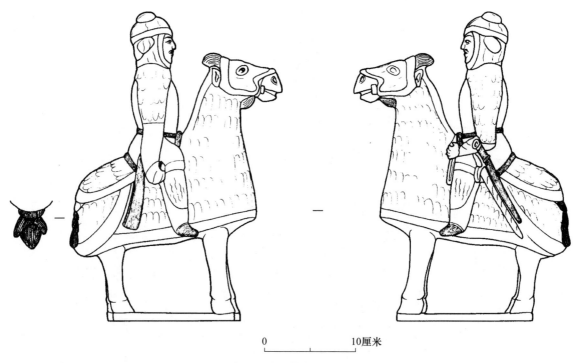

0　　　　　　　10厘米

图一九　甲骑具装俑（Hzn-157）

吹奏骑马俑，1件。Hzn-159，按照原始标签，出土于后室东侧。人臂、马腿、颈鬃、尾、底板残；马腿和底板修复后基本完整。修复后通高 29.7、人高 22、马高 24、马残长 22.8 厘米。人俑骑坐马背，背向后仰，肚腹向右挺出，头偏向右侧，面相长圆，神情专注。耳外露，墨线描画弯眉细目和"八"字须，口唇伸向右前方，作吹奏状[③]，口部有一圆形插物孔，

---

①　此俑与斛律彻墓出土甲骑具装俑十分相似，参见山西省考古研究所：《太原沙沟隋代斛律彻墓》，科学出版社，2017 年，第 19～22 页。

②　杨泓：《中国古兵器论丛》（增订本），文物出版社，1980 年。

③　《隋书·志第九·音乐中》载："杂乐有西凉、龟舞、清乐、龟兹等，然吹笛、弹琵琶、五弦及歌舞之伎，自文襄（高洋）以来皆所爱好，至河清（562～564 年）以后，传习尤盛。后主（高纬）唯赏戎乐，耽爱无已，于是繁手淫声争新哀怨，故曹妙达、安未弱、安马驹之徒至有封王开府者。"北齐时，西域音乐融入中原音乐，丰富了社会各阶层的艺术生活，这种社会现实在墓葬明器中也有所反映。

是将某管状乐器含于口中的痕迹，嘴唇余留部分涂抹为红色。头戴圆顶折角风帽[①]，上着橘红色圆领右衽长襦，腰系带，下穿白色窄腿裤，小裤口有挽折痕，脚穿圆头鞋。左臂上曲至胸肋侧；右臂残损不存，但从肩部残留痕迹可看出臂为上举状，右手摆出执乐器姿态。马俑黑色，头缚红色笼头，口衔嚼子，眉目间有倒三角状门鬃，前角冲起，左右各留一绺分置耳目之间，颈下系橘红色莲蓬状缨子，红线描摹缰绳、攀胸，马背搭饰有墨线横纹的障泥，黑色马鞍，马尾基部向臀上部拉起红色后鞧，鞧带端头与障泥连接后，折返打结系扣（图二〇；图版二四，1、2）。

0 ——————— 10厘米

图二〇 吹奏骑马俑（Hzn-159）

骑马俑，1件。Hzn-160，按照原始标签，出土于后室封门前。马腿、耳和尾残，人身有裂痕，底板佚。残高24.5、人高21、马残高18、马体残长23.3厘米。人俑端坐马背，长圆形脸庞，微有笑意。墨线描画弯眉、细目和胡须。头戴圆顶折角风帽[②]，着橘红色高圆领窄袖长襦，下穿白色窄腿裤，裤口缀饰红色小边，脚穿黑尖头鞋。马为枣红色，眼周、口鼻为白色，马鬃黑色。头戴黑色皮质笼头，口衔嚼子。马背搭白色障泥和黑色马鞍，正面墨线描画的攀胸和缰绳，向后连接障泥，后鞧由马尾根基部向臀上拉起，鞧带向前与障泥、鞍子固定（图二一；图版二四，3、4）。

---

① 与执盾武士俑A型、击鼓骑马俑B型所戴帽式相同。

② 与执盾武士俑A型、击鼓骑马俑B型、吹奏骑马俑所戴帽式相同。

0　　　　　　　　10厘米

图二一　骑马俑（Hzn-160）

着花袍骑马俑，1 件。Hzn-161，按照原始标签，出土于后室封门前。人手、马腿、耳、尾残，人头、底板佚。残高 22.5、人残高 17.4、马残高 21、马残长 26 厘米。人俑骑于马背，上身笔直，头佚，面相帽制不详。上穿窄袖花袍，腰系红带，袍服纯白地，散饰红色葫芦状花纹，袖口、袍底镶红边；下穿窄腿裤，裤口饰红色小边，脚穿黑色圆头鞋。右臂肘关节向上弯折，手至肩部，残损，故不明手势；左臂曲至胸部，手部虽没有损伤，但形状模糊不清，且没有执物孔。马俑杏黄底色杂以枣红色斑块，口鼻、眼周、颈上、双耳为白色。墨线描画眼线、睫毛和马鬃，红线描画攀胸、缰绳。马头缚束红色笼头，口衔红色嚼子。背搭白色弧边方角障泥，上配黑色马鞍。马尾基部向臀上拉起鞴带，带端连接白色泥障，返折结扣（图二二；图版二五，1、2）。

戴卷沿帽骑马俑，1 件。Hzn-162，按照原始标签，出土于后室封门前。完整。通高 28.8、人高 21、马高 25、马身长 22 厘米。人俑骑在马背，上身侧向左边，头微向下，俯视前方，双耳外露，唇口紧闭，面色凝重。头戴圆顶卷沿风帽[①]，帽顶由一圆箍聚起，圆形，红色，中心有一纵痕，后有红色披幅；帽缘向上卷起，沿卷曲粗管状，呈翘起状，额部翘沿为三角状，两侧

---

① 此帽式与《北齐东安王娄睿墓》中称作"穿土黄衣将军俑"所戴帽相同，此件也是骑马俑，报告称"头戴白色厚卷边长裙帽，土黄围脖"；另娄睿墓还出土一件骑马俑，报告称"穿黑衣将军俑"，所戴帽与本墓出土的此件俑帽式略有不同，虽报告称"头戴卷边长裙红帽，有围脖"，描述上没有太大区别，但是，可以看出，俑帽后多了一条细束带。另据《山西祁县白圭北齐韩裔墓》（陶正刚，《文物》1975 年第 4 期），该墓出土的骑马武士俑Ⅳ型所戴帽与此帽相同，简报称"戴卷沿毡帽……颈围巾"。

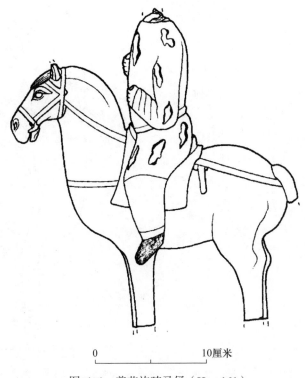

0　　　　　　　　　　10厘米

图二二　着花袍骑马俑（Hzn-161）

上挑，后披幅缘亦翻卷。颈围粗条状围脖，内着橘红色长窄袖短襦，外披白色短袖右衽长襦，外襦袖至肘部，腰系黑带，下穿白色窄腿裤，小裤口有折边，脚穿尖头鞋。右臂平曲胸前，手上有一小执物孔；左臂向上举至胸侧，手腕低垂，窄袖向下拐折处有一小圆柱状执物孔。马头和腹部彩绘脱落严重，局部存少量白色层，墨线描画的缰绳、颈鬃等已无法分辨。马头束戴笼头，口衔嚼子，颈下结一硕大桃形缨子。门鬃发达，正面成冲角状，水平翻起，似屋面出檐，另各分一绺在两侧耳与目之间，撇向后，似倒置粗弯眉。马背搭镶橘红边障泥，上为黑色鞍子。马尾微翘，从尾基部向臀部上拉起红色鞘带，端头连接障泥后边沿，再返折结扣（图二三；图版二五，3、4）。

3. 骑骆驼俑

骑骆驼俑，1件。Hzn-319，原签遗失。泥质灰胎。骆驼尾残，俑左臂残，彩绘脱落严重，通高 33.3 厘米，骆驼体长 22.2、体宽 19 厘米。骆驼高大雄健，昂首站立于托板上，张开大嘴引颈长鸣状，驼峰间驮巨大皮囊，囊面用墨笔画出宽束带，前后饰卷云纹图案，两端饰兽首图案，皮囊顶部绑缚一个圆盘，是为骑骆人安置的座垫[1]。一胡人[2]骑坐在皮囊与骆驼长颈之间，

---

① 据《太原沙沟隋代斛律彻墓》第 24～27 页，该墓出土的 2 件骑骆驼俑，编号分别是 1980TSM1∶45 和 1980TSM1∶158，其形制与韩祖念墓骑骆驼俑十分相近，且都在皮囊上面有一个圆盘。1980TSM1∶158，骑俑坐在圆盘之上，由此来看，此圆盘功能就是骑驼人的坐垫。

② 据《北齐东安王娄睿墓》（山西省考古研究所、太原市文物考古研究所，文物出版社，2006 年）第 92～93 页，该墓出土的 3 件附役夫的形象与韩祖念墓骑骆驼俑的人物形象极为相近。

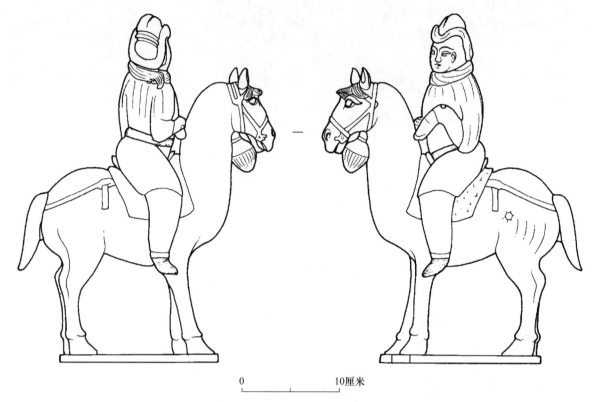

0　　　　　　　　10厘米

图二三　戴卷沿帽骑马俑（Hzn-162）

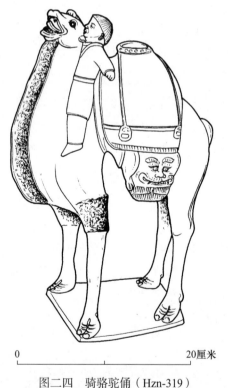

0　　　　　　　　　　20厘米

图二四　骑骆驼俑（Hzn-319）

头戴黑色圆帽，浓眉深目，作思考状，身体挺直。着窄袖长襦，右手臂侧举，左臂由于残断形制不清，下穿窄腿裤，脚穿黑色尖头鞋（图二四；图版二六）。

4. 官吏俑

官吏俑 9 件，占墓室出土陶俑总数的 5.1%。由女官俑、文吏俑和笼冠俑组成。

女官俑 [①]，5 件（Hzn-139～Hzn-143），泥质灰陶。全部头佚，残高在 13.5～14.4 厘米之间。按照原始标签，出土于后室封门前 1 件，墓室封门前 2 件，2 件原签遗失。Hzn-139，残高 14.4 厘米。并脚站立状，身材纤细苗条。面相发式不详。白色圆领内衣，外着橘红色广袖左衽交领短襦，短襦与膝盖间外露白色内衣皱褶底边。高束红色宽带，衣袖肩至肘部窄且贴身，肘以下及袖口极为宽敞，形似大喇叭，沿身体斜向下拖至小腿外侧。双臂上弯，伏在

---

① 据《太原北齐库狄业墓》简报，该墓出土的"女官俑" 6 件，"高 21.8 厘米。细腰长脖，戴枣红色小冠，宽袖短襦，双手拱于胸前。"其身体形态、服饰特征与韩祖念此类无头俑相同，因此将韩墓此类俑命名"女官俑"。

上腹部，双手蔽袖拱于胸前。短襦背面中线，自上而下暗线合缝制成。下着白色大口裤，脚穿白色圆头鞋，脚面有裤口挽折痕迹（图二五；图版二七）。

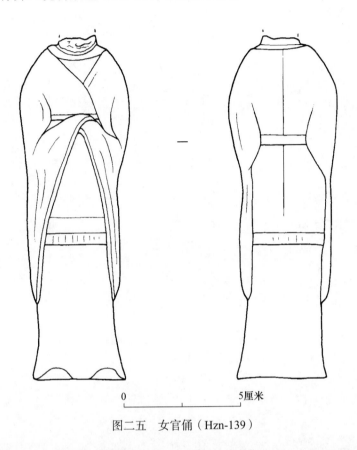

0　　　　　　5厘米

图二五　女官俑（Hzn-139）

　　文吏俑，1件。Hzn-144，原签遗失。泥质灰胎，头佚。呈"八"字形站立状，残高20.5厘米。面相帽制不详。内着白色低圆领内衣，外穿枣红色广袖右衽交领短襦，白衣底边露出，前后略有皱褶。腰束白色宽带，由环状带钩系结。左臂弯曲至腰部，手握住腰带头[①]；右臂自然下垂，手作握物状，虎口处向上有一细插物孔。大袖口顺两臂搭于小腿外侧，袖口露出红襦白色衬里。下着白裤，裤口宽大，覆在脚面上，脚穿黑色圆头鞋。在此墓"门前"出土的戴小冠俑头（Hzn-214），虽不能肯定就是这件俑身的头部，但参考以往北齐墓出土的文吏俑资料[②]，其样式应该与此类俑身相匹配（图二六；图版二八）。

---

　　① 据《太原北齐徐显秀墓发掘简报》，该墓出土"文吏俑A式"43件，"高27厘米。小冠，橘红色右衽衫……左手握带"。除衣服色彩外，形制大小与此俑相同，由此推测这件文吏俑应戴相同小冠。据《北齐东安王娄睿墓》报告，该墓出土"戴小冠子文吏俑"108件，服及冠色有粉红、大红、杏红、红色、浅红、杏黄、浅黄、黑色，高27.1或27.2厘米。这些俑与徐显秀墓同类俑及此俑完全相同。据《太原南郊北齐壁画墓》简报，该墓出土"立俑"1件，"残高21厘米。着右衽橘红广袖衫，泡钉革带，白裤白鞋。左手握带，右手扶佩剑"，虽描述为"泡钉革带""右手扶佩剑"，但其样式、大小与此俑完全相同。

　　② 主要参考娄睿墓、徐显秀墓、太原南郊北齐壁画墓出土同类型俑。

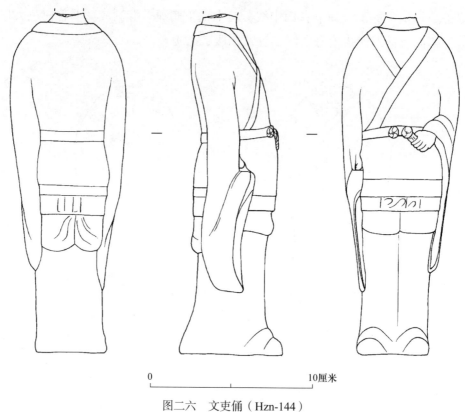

图二六　文吏俑（Hzn-144）

笼冠俑①，3 件（Hzn-145～Hzn-147），1 件泥质红胎，2 件泥质灰胎。全部头佚，其中 2 件身有裂纹，腿部残损，原始标签遗失。Hzn-146，按照原始标签，出土于后室封门前。泥质红胎。残高 20.5 厘米。双脚外"八"字站立状。内着白色低圆领衣，外穿橘红色右衽广袖曳地长袍，腰束白色宽带。袍服衣袖肘以上窄而合体，肘以下宽大，阔袖贴在身侧，长及小腿，袖口白色里衬露出。袍摆修长，袍后束腰处缝制出十数条竖褶，衣褶向下慢慢散开，俑左手提起袍角，使袍后摆从右脚面、小腿，绕至左腹前，褶纹如流水线弯折有致，左手虎口以上袍衣褶呈弧状散开，犹如打开的小扇子；右手隐于阔袖中，作持物状，虎口向上开有圆形插物孔。下穿橘红色大口裤②，裤口盖住脚面，露出黑色圆头鞋。另外，墓葬发掘过程中在"门前"收集到

① 据《太原北齐徐显秀墓发掘简报》，该墓出土的"笼冠俑"身形装束与此俑相同，俑面带微笑，朱唇、墨线描画"八"字须、颔须、眉和眼。另据《北齐东安王娄睿墓》报告，该墓出土同样冠式和装束的俑，报告中称其为"陶女官俑"，在《太原市北齐娄睿墓简报》（山西省考古研究所、太原市文物管理委员会，《文物》1983 年第 10 期）中称其为"女侍俑"。仔细查看报告中此俑图版，俑作微笑状，与徐墓此俑毫无二致，只是面部白色层完全脱落，五官描画墨线不存，娄墓发掘者误将此俑断为女性。据《河北磁县北齐高润墓》简报，该墓出土"笼冠俑"21 件。据《太原南郊北齐壁画墓》简报，该墓出土"笼冠俑"1 件。据《太原北齐贺拔昌墓》简报，该墓出土"笼冠俑"2 件，但其着装和面相与此俑完全不同。当然，头戴笼冠的未必都是男性，女性也有佩戴的，从考古资料来看，毕竟是少数。如《北齐库狄迴洛墓》，该墓出土的"侍女俑"4 件，简报中称"头戴黑色笼冠"。

② 此种袍子和裤子组合的穿着，又称"袍绔"。

1 箱残片，在这些残片中有 3 个戴笼冠[①]的俑头（Hzn-271～Hzn-273），俑头面相严肃，宽额长脸，双目炯炯，朱唇，墨线描出"八"字须和眉眼。戴黑色圆形平顶小冠，其上再加黑色高耸笼冠。笼冠顶平，两侧向上收起，护住双耳，冠前后扁平[②]，似钳子左右夹住头部。这 3 个戴笼冠俑头与上述缺头俑身的断面茬口不能对接，显然不是一个整体，但根据以往出土的北齐墓葬资料[③]，此种形制的俑身与戴笼冠的俑头当是固定组配，故此处称这几个遗失头部的俑身为"笼冠俑"（图二七；图版二九、图版三〇）。

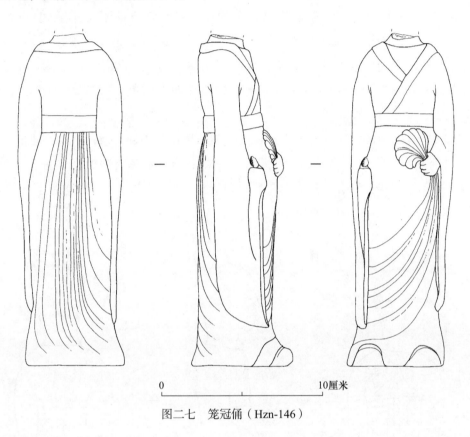

0　　　　　　　　　　　　10厘米

图二七　笼冠俑（Hzn-146）

5. 女侍俑

女侍俑 13 件，占墓室出土陶俑总数的 7.4%。其中的背壶形器女俑造型生动，生活气息浓

---

① 古代汉族冠饰之一。产生于汉，盛行于魏晋南北朝，男女皆可服用。南北朝戴笼冠的人物，在《女史箴图》、《洛神赋图》、北朝石窟礼佛图、供养人像、陶俑中都可见到。

② 《中国古代服饰研究》第 209、210 页："舆夫头上的细纱笼巾，早在西汉亭长砖及洛阳出土西汉画像砖墓彩绘武卫头上也常有反映，近年长沙马王堆古墓且有一具实物出土，保存得完整如新。但应用到头上时，把原附两带一加束缚，就接近后来纱帽式样。至于本图中所见，则完全和北朝迁都洛阳以后才定型的漆纱笼冠毫无差别。不仅缺少汉意，也决不会出现于晋初画家笔下。"此图中舆夫所戴"细纱笼巾"，与此俑头的笼冠形制相同。整体来看，目前出土的北齐墓葬，笼冠俑的帽式较统一，应是"北朝迁都洛阳以后才定型的漆纱笼冠"。

③ 娄睿墓出土女官俑、徐显秀墓出土笼冠俑、太原南郊北齐壁画墓出土笼冠俑、河北磁县东魏茹茹公主墓出土笼冠俑等，俑身服饰、俑冠与此类俑俑身和头冠完全相同。

厚，使人眼前一亮，虽然残损，但却是以往北齐墓葬中没有出现过的珍品。

月牙髻侍女俑，6件（Hzn-163～Hzn-168），泥质灰胎。按照原始标签，出土于墓室封门前有3件，后室封门前1件，2件原签遗失。完整2件，颈部有裂痕2件，头佚足残1件，足残1件。身体前后两半模合模制成，俑头单模成型，插合俑身。身体重心有的略偏左，有的稍偏右。白面长颈，表情各异，有的忧伤，有的顾盼神离，有的低眉沉思。穿大翻领窄长袖短襦，衣领白色，饰蝴蝶结，三角形带角飘在胸前。下着高束腰背带裙，双肩背带，正面蔽于蝴蝶结下，背面系于衣领与束腰之间；腰部挽结两条长带，带角竖直向下至小腿间；裙摆刻画为梳齿状裙褶，褶纹一泻而下，密而整齐；裙底微起涟漪，折出小曲线，盖住脚面，露出黑色圆头鞋。双臂下垂，手腕向前略曲，窄长衣袖贴于裙侧，似随时等待主人差使。这几件侍女俑服色搭配略有不同，衣领、蝴蝶结、高束腰和裙背带均为白色，短襦和长裙有白色和橘红色之分。按发髻样式分为二型。

A型，5件（Hzn-163～Hzn-165、Hzn-167、Hzn-168）。Hzn-164，高19厘米。直身站立状，身略右倾，目视前方，沉静又若有所思。头发中分，刘海梳向两侧，在额角向上别出发角，长发向上梳起，集于头顶，挽结成两端翘角的月牙状高髻，髻与发缝错开一定角度，显得活泼别致（图二八；图版三一、图版三二）。

0　　　　　　　　　5厘米

图二八　月牙髻侍女俑A型（Hzn-164）

　　B 型，1 件。Hzn-166，高 19.2 厘米。颈略前伸，脸庞圆润，目光呆滞，鼻尖和双唇被人为削切成斜直面，似受过劓刑[①]，唇微显红色。头发不分缝，直接上梳，两侧额角别出方角，长发梳至头顶中部，盘成左右圆角的半月状高髻（图二九；图版三三）。

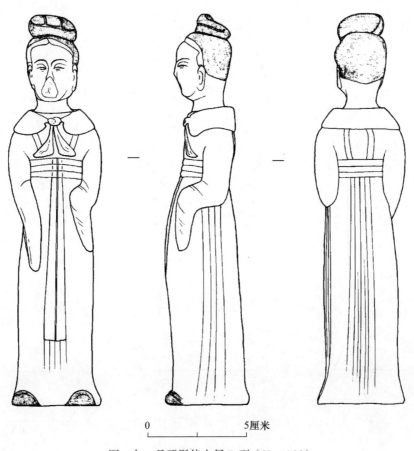

0　　　　　　　　5厘米

图二九　月牙髻侍女俑 B 型（Hzn-166）

　　背壶形器女俑，1 件。Hzn-169，泥质灰胎。原始标签遗失。头佚足残，残高 17.2、壶形器高 7 厘米。双脚并立状，胸部隆起，臀部上翘，体态丰腴，壮实有力。上穿橘红色窄袖短襦，双臂上曲，双手挽于胸前，橘红色双层布幅堆叠于手腕处，双手隐于其中，布幅纵褶纹向下稍散开，两头似袖口状向两侧弯转。双肩背白色壶状物体，用黑粗带上下两道勒缚，上道缚带环形，勒缚物体上口后，搭于女俑双肩上；下道缚带，在俑胸前上道环形带左右两侧打结，斜向下，由肘部向后绷缚物体下部，绳索因为负重，将胸前上道缚带横向拉直。所绑缚物体，外壁光滑，中间大且圆，两头小，上端圆头，下端平齐。物体似壶形容器，又似袋囊，如果是袋囊，器表必会有绳索勒痕，但此处没有。由于为妇女背负，又疑似包在襁褓中的婴儿，但基于北齐俑细部刻画之精巧细致的一贯作风，如果为婴孩，其外形未免太过粗糙。

　　① 劓刑，始于上古，夏商时普遍使用，周代正式把劓刑定为"五刑"之一。《周礼·秋官·司刑》郑玄注："劓，截其鼻也。"春秋战国至汉初，此刑十分普遍。自汉文帝时开始慢慢废除，但以后各时代也时有起用。

因此，暂定为壶形容器。俑下身穿白色紧身曳地长裙，裙腰高束，裙摆曲折有致，裙腰后面向下褶纹依依，分开弯转两侧，勾勒出妇女臀部优美浑圆的曲线。脚穿圆头鞋，隐于裙下（图三〇；图版三四）。

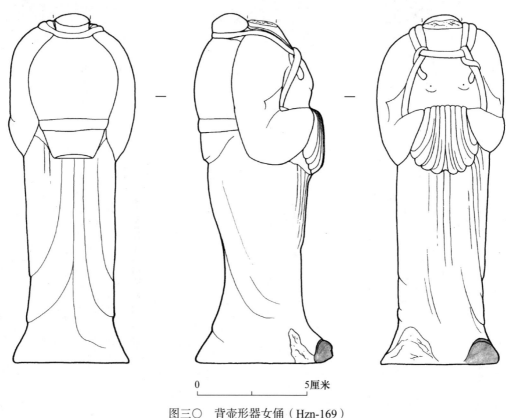

0　　　　　　　　　5厘米

图三〇　背壶形器女俑（Hzn-169）

　　跪侍女俑，6 件（Hzn-171～Hzn-176），泥质灰胎。按照原始标签，出土于后室东侧 1 件，后室封门前 1 件，墓室封门前 4 件。Hzn-171 和 Hzn-172 完整，3 件头佚身残，1 件头佚。俑身前后分模，合范制成，俑头整体成形，再插合至俑身颈部。Hzn-172，高 13.8 厘米，左膝跪地，右腿曲蹲，上身微向前倾。双螺髻，白面长颈，表情谦卑、哀伤。乌发中分，前后贯缝，左右各挽结成圆形螺髻，双耳露出，腮唇圆润，杏目低垂，鼻梁挺直，鼻尖被有意切削成扁平状，似受过劓刑。上穿橘红色低圆领内衣，外罩白色交领左衽长袖短襦，腰束赭红色百褶曳地长裙，裙摆盖过腰腹、腿面，勾勒出侍女婀娜身姿，裙摆垂至地面，褶皱堆叠。左臂自然下垂放在大腿上，右手扶膝面，窄袖口搭在小腿上。脚穿红色圆头鞋（图三一）。同样服色者共有 3 件。Hzn-175，穿白色内衣，橘红短襦，长裙为赭红色；Hzn-173，内衣橘红，赭红短襦，长裙为白色；Hzn-171，内衣白色，橘红短襦，长裙为白色。可见，这些侍女俑，神态形制相同，上下衣着色彩搭配的变化，也仅限于白色、赭红和橘红（图版三五～图版三八）。

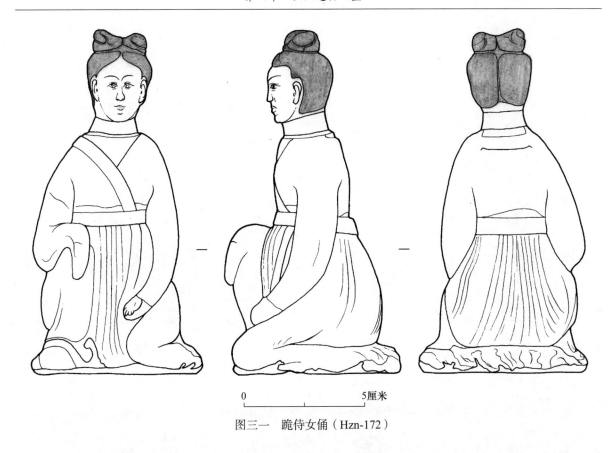

图三一　跪侍女俑（Hzn-172）

（二）动物陶塑

动物陶塑 24 件，占墓室出土陶质遗物的 9.9%。其中镇墓兽 1 件、大马 2 件、羊 10 件、猪 8 件、狗 2 件、鸡 1 件。其中大马做工细致入微，装饰富丽奢华，应是作为仪仗的重要组成部分。

镇墓兽，1 件。Hzn-198，按照原始标签，出土于后室西侧。泥质灰胎，双耳残。长 21.8、高 31 厘米。周身饰白，局部橘红，墨线描画细部。兽蹲立状，昂首挺胸，血口大张，圆头，竖耳，狗面，口鼻黑色，红舌顶住上齿，嘴角扯至两腮，白色锥状犬齿露出。额下至前胸白色，饰黑色双线竖纹，并横交红黑相间粗浅纹，两侧饰长毛。颈、腹橘红色，背脊白色，白红色块相接为连弧纹。头顶两耳间、脊椎上，间隔直竖三撮鬃毛，惜已毁失，残存断痕，使兽凶猛之势大减。前腿直立，白色鸟足，披黑毛，三趾利爪，稳抓地面，腿上端连白翅，翅面椭圆，黑色羽毛隐现，翅向后有三束尾羽向上翻转弯曲，似为飞翔之态。后腿为狮腿，曲蹲，臀坐地，腿白色，附着黑色长毛，足三长趾，利爪。尾长且侧扁，尾梢尖圆，尾面起棱，上卷，贴附于臀右侧（图三二，2；图版四一，1）。

大马，2 件（Hzn-243 和 Hzn-244），泥质灰胎。Hzn-243，原签遗失。耳、腿残，底板有裂痕。Hzn-244，出土于墓室封门前。底板有裂痕，色层脱落严重，局部有颜料痕迹。长 30、高 37.5 厘米。高头大马，配饰华丽，制作精细。门鬃高束成桃形，迎风招展。五官匀称，三角耳竖起，眼神沉静，眼周有零星黑毛。颈脊挺起，有力，由于色料脱尽，不见颈鬃痕迹。马头戴

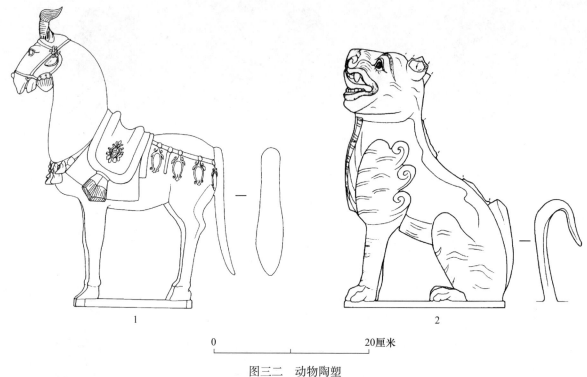

图三二　动物陶塑
1. 大马（Hzn-244）　2. 镇墓兽（Hzn-198）

红色笼头，笼头在嘴角侧面结扣，扣眼小如针眼；耳侧结束花扣，束扣花瓣圆润饱满，如两只小飞蝶。马口含嚼子，嚼子端头伸出口角，一端残损，一端仍然保持原环状形制。马背搭红色桥形鞍，鞍圆角宽边，前高后低，左右鞍面浮雕摩尼宝珠花纹，端头缀饰花散子；鞍下搭镶红边白地黑花方角障泥，障泥下另有一块方形鞍鞯露出。额下挽结球形璎珞，璎上缘周饰柿蒂纹[①]。颈正面有两长绺黑色长毛，红色攀胸向马背围拉起，连接马鞍，带面缀满桃形装饰。马尾扁长，尖梢微外翘，尾基沿臀向上引拉红色后鞯，鞯向上延伸，与鞍鞯固定，带端返折结扣，两鞯带悬垂数个硕大宝相花花蕊，悬扣圆形突起（图三二，1；图版四一，2、3）。

羊，10件（Hzn-177～Hzn-186）。泥质红胎，左右合模制成。按照原始标签，出土于后室封门前3件，墓室封门前4件，后室东侧2件，1件原签遗失。2件残，1件身上有裂纹。Hzn-182，长15.6、高10.5厘米。白色绵羊，跪伏状，引颈翘头，口鼻向前，双耳绵软，贴伏头侧，身体修长、肥硕，四肢细弱，蜷于腹下，尾巴短小、滚圆（图三三，1；图版四〇，1）。

鸡，1件。Hzn-187，按照原始标签，出土于墓室封门前。泥质灰胎，左右合模制成。完整，长11.5，高8厘米。公鸡，引颈，卧地状。红冠，红颈，黑腹，黑翅。喙圆锥形，爪蜷缩于腹下，两侧翼呈三角形，护在体侧，尾翅高耸，翅尖向下弯曲成钩状（图三三，2；图版四〇，2）。

---

① 此花叶形状与汉镜纽座的四叶纹和柿蒂纹接近，参见孔祥星、刘一曼：《中国铜镜图典》，文物出版社，1992年。

图三三　动物陶塑

1. 羊（Hzn-182）　2. 鸡（Hzn-187）　3. 狗（Hzn-188）　4. 猪（Hzn-195）

狗，2 件（Hzn-188 和 Hzn-189）。按照原始标签，皆出土于后室封门前。均完整。泥质红胎，单模制成，中空。Hzn-188，狗体团径 10.6、体卧高 3.9 厘米。狗体团缩成圆形，体色黑黄花块相间，头尾相接，两圆耳耷拉着，口鼻伏在尾部，目微合，悠闲自得态（图三三，3；图版四〇，3）。

猪，8 件（Hzn-190～Hzn-197）。按照原始标签，出土于后室封门前 2 件，墓室封门前 3 件，后室东侧 2 件，1 件原签遗失。残 1 件，身有裂纹 2 件。泥质灰胎，单模制成，中空。Hzn-195，卧高 6.9、体长 18.5 厘米。黑体，卧地，头三角形，长嘴触地，体稍侧向右，长而肥壮，背脊猪鬃长片状突起，后有小秃尾（图三三，4；图版四〇，4）。

（三）陶　　器

陶器 41 件，占墓室出土陶质遗物总数的 16.9%。其中红陶碗 2 件、灰陶碗 12 件、圆扣盒 8 件、圆盖 2 件、灶 1 件、罐 5 件、大罐 2 件、螭柄鸡首壶 2 件、瓶 1 件、大盘 2 件、灯 4 件。

以灰陶器为主,其中碗、盒、罐数量较多。盒做成子母口,未见顶盖,以往发现的北齐墓也有此种现象,但同时也有盖、底兼具的扣盒出土[①]。螭柄鸡首壶、瓶、灯具有强烈的装饰性,做工精细,纹饰简约大方。硕大的大盘,器型规整,显示出北齐制作大型圆形器具的水平。

碗,14件(Hzn-199、Hzn-200、Hzn-202～Hzn-213),占陶器总数的34.1%。有泥质红陶、泥质灰陶两种。碗内外壁面、实足底面轮制纹清晰。红陶碗较大,壁稍薄,胎质酥脆,残损较重,且碗内外粘满黑色污迹,疑为绘制壁画时,曾作为盛装黑色颜料的容器。灰胎碗较小,器表满饰白色料,但色料层脱落较重,有直口和侈口二型,个别碗外壁腹部印1圈排列规整的斜直纹。

红陶碗,2件(Hzn-199和Hzn-200)。泥质红胎,形制大小相同。Hzn-199,按照原始标签,出土于后室西北角。碗口沿残损较多,壁有裂纹,器内外有黑色污迹(图版四三,1)。Hzn-200,原签遗失。完整,高6.5、口径13.5、底径5.2、足高0.6厘米。薄唇微侈,碗壁微鼓,实足。足缘有明显刀削痕,足底内凹。碗壁内外及足底有黑色污迹,疑为盛放颜料的容器(图三四,1;图版四三,2、3)。

灰陶碗,12件(Hzn-202～Hzn-213),保存较好,部分稍有残损。按照原始标签,全部出土于后室西侧。可分二型。

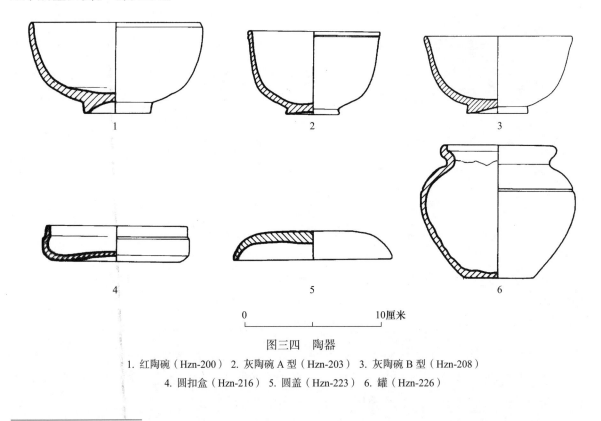

图三四　陶器
1. 红陶碗(Hzn-200)　2. 灰陶碗A型(Hzn-203)　3. 灰陶碗B型(Hzn-208)
4. 圆扣盒(Hzn-216)　5. 圆盖(Hzn-223)　6. 罐(Hzn-226)

①　据《北齐东安王娄睿墓》报告,该墓出土9件"扣盒身"、2件"扣盒盖",均为釉陶器,其中有2件盒身、盖能扣合。据《太原北齐库狄业墓》简报,该墓出土2件"瓷扣盒",简报描述"均为子口,未见母口。";据《太原西南郊北齐洞室墓》简报,该墓出土5件"盒","形制相同,无盖"。据《北齐库狄迴洛墓》简报,该墓出土1件"鎏金盒","圆形体扁,盖器套合";另还出土4件施黄釉"陶盒","扁圆,盖略大于盒"。

A 型，4 件（Hzn-202～Hzn-205）。Hzn-203，色料脱落较多。完整，高 6.5、口径 10.3、底径 4、足高 0.6 厘米。直口，唇外沿略圆，口沿外壁饰 1 圈凹弦纹，腹壁直，向下弧面收起，实足，略外撇，底足外缘稍平，碗底内凹，使碗内底向上凸起（图三四，2；图版四三，4）。

B 型，8 件（Hzn-206～Hzn-213）。4 件尺寸较大。Hzn-208，完整，高 5、口径 9.6、底径 4、足高 0.7 厘米。薄唇微侈，口外壁略内收，弧壁微外鼓，轮制纹密集，实足，足外撇，外缘略尖，无刀削痕，外底向中心旋出锥状上凹，碗内底略上凸（图三四，3）。4 件尺寸较小。Hzn-212，完整，通高 4.5、口径 8.2、底径 3.7、足高 0.7 厘米。碗外壁周饰斜直条印纹（图版四二）。

圆扣盒，8 件（Hzn-214～Hzn-221），占陶器总数的 19.5%。泥质灰胎。1 件残。按照原始标签，均出土于后室西侧。内外刷白色料，器形圆扁，子母口，只有底盒。Hzn-216，完整，高 2.7、口径 10.2、底径 9.8 厘米。口沿为内扣，直口尖圆唇，口略内敛，平底。轮制纹明显，外底中心略上凹，底缘有宽斜刀切痕 1 周（图三四，4；图版四七，1）。

圆盖，2 件（Hzn-222 和 Hzn-223），占陶器总数 4.9%。泥质灰胎。口沿残。按照原始标签，均出土于在后室西侧。这两个圆盖的功用不甚清楚。Hzn-223，高 1.8、口径 10.9 厘米。内外饰白色料层。下沿内收，尖圆唇，弧壁，盖顶圆拱形，面略平，顶中部有小乳突。轮制纹明显（图三四，5；图版四七，2）。

罐，5 件（Hzn-225～Hzn-229），占陶器总数的 12.2%。泥质灰胎。完整。按照原始标签，出土于后室东侧 2 件，后室西侧 2 件，后室棺床东侧 1 件。形制大小相同。器表颜色不一，灰色 2 件，赭红色 1 件，黑色 1 件，白色 1 件。Hzn-226，罐高 9.5、外口径 8.2、内口径 5.7、腹径 11、底径 4.9 厘米。器外表施白色色料及底。口外撇，圆唇，短束颈，溜肩，鼓腹，斜直下收，小平底。肩部饰 1 道凹弦纹，表面粗糙，基本未打磨（图三四，6；图版四四）。

大罐，2 件（Hzn-230 和 Hzn-231），占陶器总数的 4.9%。泥质灰胎。完整，器重心偏上，在肩腹之间。按照原始标签，均出土于后室西侧。器表饰白色料，色料不及底面。Hzn-231，高 19、口径 8.4、腹径 19、底径 9.4 厘米。侈口，沿外翻，圆唇，短束颈，丰肩，深腹，腹斜直向下收起，小平底。肩饰 1 道凹弦纹，腹上饰 2 道凹弦纹（图三五，2；图版四五，1）。Hzn-230，腹直收，小平底。肩部饰 1 道凹弦纹（图三五，1）。

灶[①]，1 件，占陶器总数 2.4%。Hzn-224，原签遗失。泥质灰胎，顶部残。火墙残高 13、宽 12、厚 8 厘米，锅高 6 厘米，炉高 4、宽 5.2 厘米。模制，火墙两边阶梯状向上收起，呈四层肩台，火墙正下开拱券圆顶火门，火门周装饰乳钉纹、凸弦纹，门上有 5 缕豆芽状火焰袅袅升起，火墙边饰凸弦纹。火墙后面正对火门位置，有火炉、炉口上有 1 口敞口锅（图三五，3；图版四七，3、4）。

---

① 据《山西祁县白圭北齐韩裔墓》，该墓出土一件形制相仿的陶灶，"高 0.145 米，正面成山字形，有七个乳突，上部三个乳突都刻划有线条，表示烧炊时冒烟状。下部有添柴薪的火门。背后有灶台和小锅，泥质黑陶"。

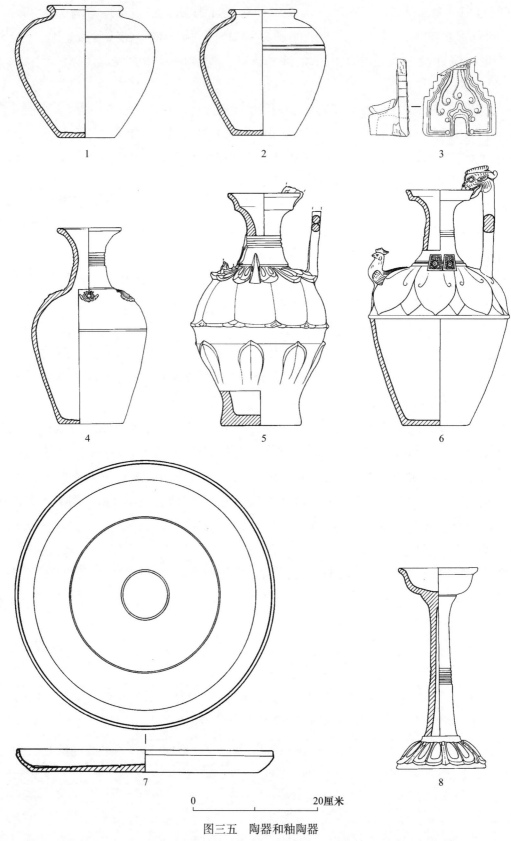

图三五　陶器和釉陶器

1、2. 陶大罐（Hzn-230、Hzn-231）　3. 陶灶（Hzn-224）　4. 陶瓶（Hzn-234）　5. 釉陶螭柄鸡首壶（Hzn-242）

6. 螭柄鸡首陶壶（Hzn-233）　7. 陶大盘（Hzn-235）　8. 陶灯（Hzn-237）

螭柄鸡首壶，2 件（Hzn-232 和 Hzn-233），占陶器总数的 4.9%。泥质灰胎，器表满饰白色料层。2 件口沿均有裂纹，鸟喙略残损。Hzn-233，按照原始标签，出土于后室西侧。底脱落，修复后完整（图三五，6；图版四六，3）。Hzn-232，原始标签遗失。基本完整，通高 40.2、盘高 1.3、盘口外径 10.7、盘口内径 9.9、颈高 11、腹径 23、底径 10.5 厘米。浅盘口，平口方唇，盘壁直，盘底平，长颈，颈部饰 2 圈宽扁凸弦纹，颈肩结合部饰 1 圈凸弦纹，圆溜肩，肩部阴刻大莲瓣花纹。前贴 1 只昂首挺胸、展翅欲飞的花鸟，是为壶注，鸟身阴刻花纹，冠肥厚，尾翅、侧翼和双腿与器表粘接；后贴一细长颈螭，螭吻衔盘口沿，头顶长鬣，面露凶相，怒目阔鼻长尖嘴，颈背深刻一纵凹槽。肩左右对称各列 1 对连体扁方形对系，系面饰有乳钉花纹。腹部饰大折棱 1 周，折棱下壶壁斜直向下，收成小圆平底。

瓶，1 件，占陶器总数 2.4%。Hzn-234，按照原始标签，出土于后室西侧。泥质灰胎，周饰白色料层。口沿有裂纹，通高 29.5、盘口外径 9.8、盘口内径 7.6、颈高 9.4、腹径 18.5、底径 10 厘米。喇叭口，平沿，圆唇，长颈，圆溜肩，鼓腹，斜直向下收，平底，底面打磨平整，中部略突出。长颈中段饰 3 道扁棱状凸弦纹，颈肩结合部饰 1 道凸弦纹，肩周贴饰 5 朵摩尼宝珠花，花蕊饱满，花瓣层叠紧致（图三五，4；图版四六，1）。

大盘，2 件（Hzn-235 和 Hzn-236），占陶器总数 4.9%。泥质灰胎，全器饰白色料。Hzn-235，按照原始标签，出土于后室西侧。完整，高 4、口径 42、底径 37.5 厘米。薄直口，圆唇，口沿稍内敛，弧壁，盘底面平。盘面中心略高，向外间隔饰 2 道凹弦纹（图三五，7；图版四五，2）。Hzn-236，原签遗失。由残片修复完整，盘尺寸稍大一些。

灯，4 件（Hzn-237～Hzn-240），占陶器总数 9.6%。泥质灰胎，满饰白色料层。3 件略残。按照原始标签，均出土于后室西侧。由灯盏、灯柄和灯座三部分组成。柄和座分别模制，合范成型，灯盏单独成型后，再与灯柄粘接。Hzn-237，通高 30、盏径 11.9、柄长 20.5、底径 13.5 厘米。灯盏，浅钵状，侈口，薄沿圆唇，盏口壁略平直，向下稍鼓，盏内心有小乳状突起。柄，上细下粗，上端小喇叭口，拖起盏底；中段饰数道双突棱弦纹，下端与灯座连接。灯座，覆钵状；周饰覆莲瓣，花瓣厚实饱满，排列紧密（图三五，8；图版四六，2）。

（四）釉　陶　器

釉陶器[①]共 2 件，占墓室出土陶质遗物总数的 0.8%。器重壁厚，质松疏脆，釉层厚浊。

螭柄鸡首壶，2 件（Hzn-241 和 Hzn-242）。原始标签遗失。高岭土胎，胎色灰白，外施青黄釉，釉面有冰裂纹。2 件均残，盘口、螭首、鸟注残损严重。Hzn-242，残高 35.5、颈高 8.9、腹径 19.8、底径 12.3 厘米。盘口外撇，圆唇，口沿残留螭吻上下颚，壶颈中段、颈肩结合部饰

---

① 冯先铭在《从娄睿墓出土文物谈北齐陶瓷特征》（冯先铭：《古陶瓷鉴真》，北京燕山出版社，1996 年）中指出：“娄睿墓出土带釉陶器共 76 件，胎上有的稍白面细，有的含有杂质；表面观察有的胎较坚硬，有的则明显松软；釉色也不完全相同，有淡黄、茶黄与黄绿各种色调……这批带釉陶器与库狄迴洛墓所出淡黄色贴花莲瓣纹盖尊、盘、碗及盒等属于同一类型，均属低温铅釉陶。”韩祖念墓中出土的带釉器物的胎釉特征与娄睿墓和库狄迴洛墓中出土的同类器物相似，故本报告中将这类带釉器物归为釉陶器。

宽凸弦纹，圆溜肩，贴塑一圈覆莲花瓣，花叶肥厚，排列均匀，瓣顶端翻翘，富有立体感。肩前部两花瓣之间贴一只实体凤鸟，鸟头、身已毁，三趾爪并排，胸部有阴刻纹，两翼舒展，翼尖向后，粘在莲瓣上，尾羽由数片菱形花叶形成，高高翘起，贴附于壶颈；肩后部，两根长圆柱棒并列，是为壶柄，壶柄上段及顶端螭首已毁。肩左右对称各有一扁圆形圆孔系，系上有圆孔。壶体上腹部饰阴刻覆瓣莲花，瓣长圆，向下开张，于腹壁折棱处浮雕出花瓣下缘，瓣缘依折棱微微翘起；折棱下腹壁面阴刻弦纹 1 周。下腹斜收，斜直壁面间隔贴塑数个修长的尖圆形莲花瓣，花瓣向上微微张开，与折棱上的覆瓣莲花相映成趣。平底，露白胎（图三五，5；图版四六，4）。

（五）"门前"出土陶质遗物

在整理过程中，有一个装满残片的箱子，原始标签地点栏标示"门前"，是出土于墓道近石门处的遗物；石质残片地点栏标示"门上"，应该是石门框上剥落的残片。

残片种类有陶俑、动物陶塑、红陶碗、瓦当、石质残片。经过拼接修复，器物归属有 2 类，其一，部分俑头可以与墓室出土的陶俑躯体合缝对接，拼接完整（附表五），整理中，我们将其归入墓室出土物中（附表一），此处不再赘述；其二，对可以修复为一个整体的、无法修复而又能分辨出种类的以及无法识别出种类名称的残片，进行逐一编号，统归为"门前"出土遗物（附表六～附表一一）。下面对这些器物进行介绍，墓室内没有出现的种类，在表格备注栏中用"※"重点标示。

"门前"出土物合计 76 件（另有 6 件计于墓室内）。陶俑残片 41 件，其中有 5 件陶俑修复完整，其余 36 件为俑身、俑头残片。动物陶塑 18 件，其中可辨识为动物残陶件的有 14 件；其余动物断腿 15 个，编作 1 个整理号；马尾 2 个，编为 1 个号；马塑踩踏板 2 个，编为一个号；各种彩色陶塑残片数个，集中一起编为 1 个号。陶器残片 5 件，其中编号为 Hzn-201 的大红陶碗，修复完整后不慎混放在墓室出土器物中，所以编号稍靠前，整理时将这只碗仍放回"门前"出土物中。除此而外，还有 3 个可辨识为单个碗的残片，2 件碗底、1 件粘接不完整的碗壁；另有数枚小残片，均不是陶碗残片，将其编作 1 个整理号。出土石质件与石门有关系，有 3 件可辨形状，上凿有莲花纹，分别作为单个器物处理，另有部分碎石片，正面磨圆、背面也有人工凿痕，但却无法辨识其形制，因此集中为编 1 个整理号。出土瓦当 4 件，均不完整。出土釉陶器残片，大致整理后，分属 2 个品种 4 个体，2 盘 2 壶，这些残片数量十分有限，即便都拼接在一起，也只是完整器的局部，因此可以断定，在埋葬之初这些残片并不是作为整器放入墓中的。

1. 陶俑残片

执盾武士俑 A 型，7 件（Hzn-245～Hzn-248、Hzn-256～Hzn-258），前 4 件修复为完整个体。Hzn-256，头佚身残；Hzn-257、Hzn-258，下身残缺（图版四八、图版五八）。

执盾武士俑 B 型，5 件（Hzn-251～Hzn-255）。Hzn-251～Hzn-253，头佚身残；Hzn-254，下身残缺；Hzn-255，仅存右腿（图版四九）。

垂臂执物武士俑 B 型，4 件（Hzn-249、Hzn-259、Hzn-283、Hzn-284）。Hzn-249，修复完整；Hzn-259，头部、上身残缺；Hzn-283，仅存头部；Hzn-284，仅存头部后半部分（图版五二）。

双手执物武士俑，1 件。Hzn-250，修复完整（图版五一，1）。

笼冠俑，3 件（Hzn-260～Hzn-262）。Hzn-260，头佚足残；Hzn-261，仅存部分袍衣摆；Hzn-262，头部、下身残（图版五三，1～3）。

文吏俑，1 件。Hzn-263，仅存一腿（图版五一，2）。

提裙侍女俑，1 件。Hzn-264，墓室里没有出现过。泥质红胎，前后两半模制。残，仅存下身前半部，残高 13 厘米。腰身纤细，脚"八"字形站立状。白色衣裙，上身窄长袖衣，下穿高束腰裙，裙腰前有长方角飘带。左手提长裙一角，裙纹从右腿及脚面、左腿膝部抹过，裙角由左手流转而出，散开如花束。右臂上曲，轻贴腰间，窄长袖垂于腹部，手遮于袖中。左腿露素面窄衬裙，脚穿白色圆头鞋（图版五一，3）。

戴围脖武士俑[①]，1 件。Hzn-265，墓室里没有出现过。泥质灰胎，头颈部插于俑身制成。残，仅存颈部和左肩，残高 9.3 厘米。身穿白衣，衣面贴塑桃形饰物。颈内存圆锥状插榫，颈部围圆条状围脖，围脖端头搭在左肩上。左臂上曲状（图三六，1；图版五三，4）。

挎包袱女俑，1 件。Hzn-170，墓室里没有出现过。泥质灰胎。无头无腿足，仅存身体中段，残高 10 厘米。白色圆领内衣，外穿枣红色交领右衽广袖长襦，腰系白点宽黑带，襦底露出内衣皱边。左臂下垂向前，小臂贴在腹侧，手蔽于袖内，大袖口顺胯下拖。右臂上曲，小臂横伏在腰带处，挎白色包袱，包袱横椭圆状，袱角对折系结，形成挎系，穿在小臂上，手心有一向上插物孔（图三七，图版五〇）。

大陶俑残片，1 件。Hzn-266，墓室里没有出现过。泥质灰胎，胎质疏松，胎外皮刷厚橘红色层，内心夹砂泥质灰胎，内附厚红泥层，又似没有烧透。几个残片粘接出身体中段局部，另有 2 个同样材质的残片无法粘接上去，躯体残高 28.6、残宽 13 厘米，陶片厚度不一，大致在 0.9～2.5 厘米之间[②]。残片表面能看出淡粉色、枣红色、橘红色明光铠甲和同样色调的长襦短摆，这件俑的厚度和体量十分可观，与墓室出土的陶俑，包括镇墓武士俑风格迥异[③]（图三八，图版五一，4）。

---

① 据《北齐东安王娄睿墓》，该墓出土 2 件戴围脖骑马俑。分别是"穿黑衣将军俑"，报告称"头戴卷边长裙红帽，有围脖""穿土黄衣将军俑"，报告称"头戴白色厚卷边长裙帽，土黄围脖"。

② 磁县湾漳北朝壁画墓出土 2 件大门吏俑，通高 142.5 厘米，俑头胎壁较薄，约厚 3 厘米，"俑身胎壁厚度一般在 2～3 厘米，最厚处可达 4～5 厘米"。（参见中国社会科学院考古研究所、河北省文物研究所：《磁县湾漳北朝壁画墓》，科学出版社，2003 年，第 51、94 页。）

③ 这个大陶片所代表的个体红胎质疏松、体量巨大，是以往太原出土的北齐墓葬中未曾见到的。

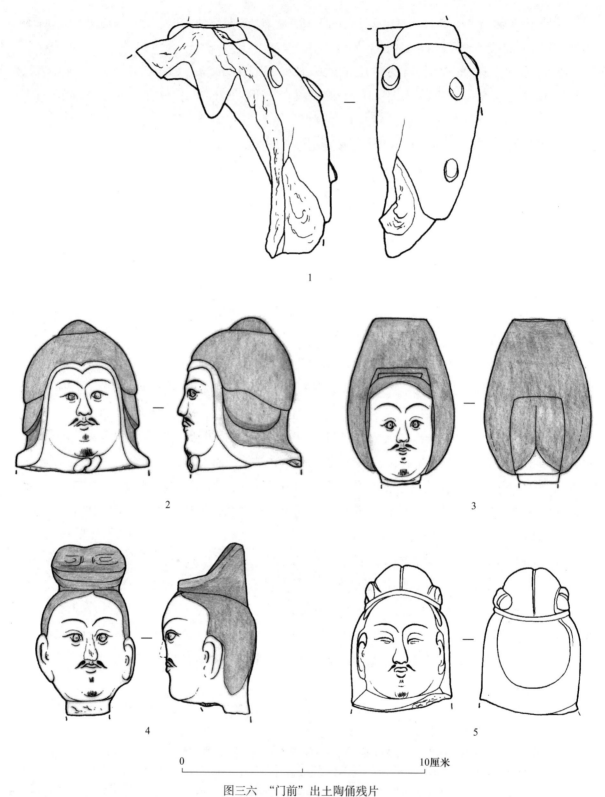

图三六　"门前"出土陶俑残片

1. 戴围脖武士俑（Hzn-265）　2. 戴兜鍪俑头 B 型（Hzn-268）　3. 戴笼冠俑头（Hzn-272）
4. 戴小冠俑头（Hzn-274）　5. 戴圆顶折角风帽俑头（Hzn-270）

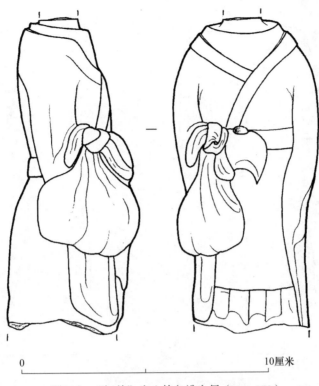

图三七　"门前"出土挎包袱女俑（Hzn-170）

戴兜鍪俑头 A 型，2 件（Hzn-267 和 Hzn-269）。墓室里没有出现过。泥质灰胎，两半模合制而成。Hzn-267，存头颈和上身局部，残高 12.5 厘米。面宽大，微含笑意，弯眉、细目、大鼻、朱唇，头戴黑色圆顶兜鍪，鍪镶红边，顶盖圆形，两侧附耳护。与墓室俑所戴兜鍪不同处在于鍪正面护脸直垂而下，圆角，顿项下缘齐肩。身外披杏红色大氅，胸前露白色内衣，领下系带。左臂微曲，右臂似下垂状（图版五五，1）。Hzn-269，仅存头部，形制与 Hzn-267 相近。面部色层脱落，鼻受损伤。这两个戴兜鍪俑的体量大于墓室出土的铠甲武士俑，约与墓室出土的三棱风帽武士俑大小相当（图版五五，2）。

戴兜鍪俑头 B 型，1 件。Hzn-268，墓室里没有出土过。泥质灰胎，两半模合制而成，顿项下缘横断面光滑自然，是为与身体的粘贴面，可知，此俑身和俑头分模制成后，再将俑头粘接在俑身上。俑头残高 6 厘米，鼻翼微残，面白色，宽大，表情严肃，墨线描画浓眉、双目、胡须、朱唇，颌下结带兜鍪形制与 Hzn-267、Hzn-269 相同（图三六，2；图版五五，3）。该墓出土的大部分陶俑，均采用两半模制法，前后半模的头和躯干连在一起，制成型后，将两半粘接即成；另一小部分，如跪侍女俑、戴围脖武士俑，身体由两半模制成，头独立成型，颈下做成长圆锥状，将长圆锥体插合于身体颈部，做成整器。而这件陶俑头和躯干分模制成后，在连接方法上又开新意，即采用粘接法将头部与身体粘接在一起。由此可见，陶俑在制作时，灵活使用分段、分体模制，采用插合、粘接等连接方法，这些细节使我们看到北齐制俑技术的多样性。

戴兜鍪俑头 C 型，1 件。Hzn-275，泥质灰胎。残高 5.5 厘米。与墓室出土的铠甲武士俑头部相同（图版五五，4）。

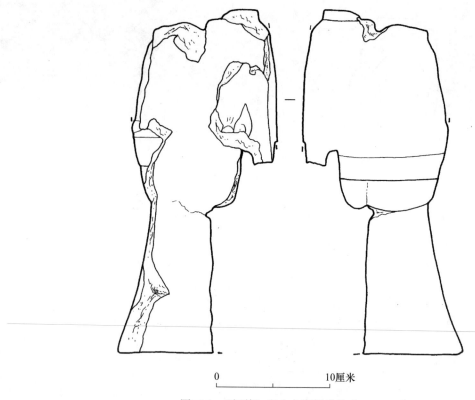

0　　　　　　　　10厘米

图三八　"门前"出土大陶俑残片（Hzn-266）

戴笼冠俑头①，3件（Hzn-271~Hzn-273）。均为泥质灰胎。Hn-271，保存相对完好（图版五四，1）。Hzn-273，仅存头部后半部分（图版五四，3）。Hzn-272，残高6.4厘米。俑头面相严肃，双目圆睁，宽额长脸，朱唇，墨线描出"八"字须和眉眼。前、后头发中分，戴黑色圆形平顶小冠，上再戴黑色高耸笼冠。笼冠顶平，两侧护住双耳，向上收起，冠前后扁平，似钳子左右夹住头部（图三六，3；图版五四，2）。与墓室出土的3件笼冠俑身（Hzn-145~Hzn-147）无法拼接。

戴小冠俑头②，1件。应是文吏俑头部。Hzn-274，泥质灰胎，黑色。残高6.7、颜题高0.5厘米。面相长圆，广额丰颐，眉毛长弯，双目圆睁，鼻毁，唇抹朱色，耳廓大且长。头戴小冠③，小冠前有颜题④，后部双耳较高，顶部的前半部低平、后半部斜向上升起一斜面，斜面横贯一个扁簪，冠顶斜面上平行裂开2道垂直细缝，后部双耳接合处略向内凹（图三六，4；图版五四，4）。

①　笼冠俑的头部。

②　是文吏俑的头部。但由于断口无法对接，可排除其为此墓出土的那件文吏俑（Hzn-144）的头部。

③　据《磁县湾漳北朝壁画墓》报告，该墓出土的包括大门吏俑在内的"相当数量的仪卫俑都截平巾帻"，这里所谓的平巾帻，形制与韩祖念墓出土的小冠相同。太原出土的北齐陶俑，戴此种冠帽的俑也有不少，大部分简报或报告均称作"小冠"，这里仍沿用此称谓。

④　指古代头巾覆额面部分。《后汉书·志三十·舆服下》："古者有冠无帻，其戴也，加首有頍，所以安物……秦雄诸侯，乃加其武将首饰为绛袙，以表贵贱，其后稍稍作颜题。"

戴三棱风帽俑头，3件（Hzn-276～Hzn-278），与墓室出土的三棱风帽俑头部形制相同（图版五六）。

戴圆顶折角风帽俑头，共5件（Hzn-270、Hzn-279～Hzn-282），形制略有不同。Hzn-270，墓室没有出现过，其形制比墓室出土戴同类型帽的俑头要大一些。泥质灰胎，仅存头部，残高5.5厘米。戴红色圆顶折角风帽。面庞宽大，表情严肃。丰额，圆腮，长耳，眯缝眼，大鼻，厚唇，黑须（图三六，5；图版五七，1）。其余4件（图版五七，2～5），残高5.3～9.5厘米。Hzn-281与墓室出土的击鼓骑马俑头部相同，其余与墓室出土的执盾武士俑头部相同。

2. 动物陶塑残片

马头，4件（Hzn-285～Hzn-288），泥质灰胎。Hzn-285，墓室没有出现过。存马头、马背局部，残高18、残长10.5。杏红色马匹，红色笼头，口含嚼子，红色缰绳，颈下系红色圆球状缨子。眼周、口鼻、马鬃、马胸白色，双耳残，门鬃长圆形，形似手指甲面，贴伏于两眼间。背搭镶黄边红色障泥，下垫鞍鞯。仅存骑者左腿和脚，红色紧腿裤，黑色小尖圆头长靴[①]（图三九，1；图版六二，1～3）。Hzn-286，墓室没有出现过。仅存马头、马颈，残高8.5、残长9.5厘米。马耳残缺，眼周、口鼻白色，头戴红色笼头，口含嚼子，面罩护甲，指甲状门鬃披盖在护甲上，眼露出，护甲带系于颌下，颌下束结红白相间桃形缨子，缨上缘饰1周扁圆形小叶片。颈上披红色甲衣，两边缘呈锯齿状[②]（图三九，2；图版六二，4～6）。Hzn-287，墓室没有出现过。仅存马头、马颈，残高7、残长8.5厘米。枣红色马匹，黑色鬃毛，眼周、口鼻白色，黑眉黑目。头戴黑色笼头，两鼻孔间笼头带系黑色小桃形饰件，指甲状长圆形门鬃。缰绳黑色，颌下系黑色桃形缨子，缨面上下分隔，阴刻花纹，上饰1周小莲纹，下饰竖线纹（图三九，3；图版五九，1～3）。Hzn-288，仅存马头，耳残缺，残高4、残长6厘米。口含嚼子，头戴笼头，门鬃倒三角尖形，伏在两眼间，其形制与墓室出土的马匹门鬃完全相同。这个残缺的马头，一耳缺损，但马头上的耳朵插孔清晰；另一耳残，插入耳孔的尖圆锥体尚存（图版五九，4～6）。由此可见，在制马过程中，马体上一些外突的小型构件，并不是与马体同时一次翻模制成，而是独立制作后，再装入合适部位。在大批量生产的北齐陶俑制作过程中，对于如此之小的马耳，居然要经过这样精细的制作工序，反映了北齐陶质塑俑制作的精细繁琐。

羊头，1件。Hzn-289，墓室没有出现过。泥质灰胎。仅存头颈部和前蹄，残高9.5厘米。面相体态与墓室出土的白羊相同，不同处是这只羊的毛色黑白相间（图三九，4；图版六○，1～3）。

鸡头，1件。Hzn-290，泥制灰胎，橘红色。存鸡头和颈部，残高8.5、残长4.3厘米（图版六○，4）。此鸡头形制、大小、色彩与墓室出土的陶鸡相同。

鸡尾，1件。Hzn-291，泥制灰胎，黑色。存尾局部，残长7厘米（图版六○，5）。此鸡尾形制、大小与墓室出土的陶鸡相同。

---

① 墓室出土的陶俑没有穿长靴的。

② 墓室没有出土此种装束的马。

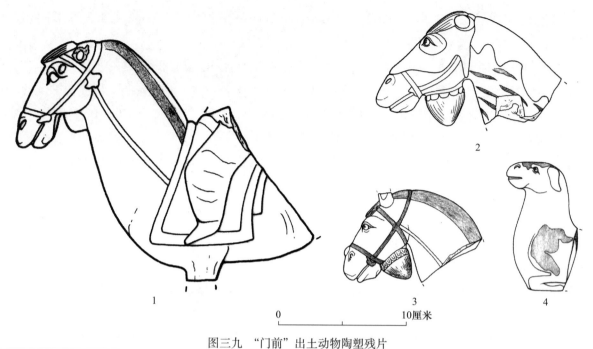

图三九　"门前"出土动物陶塑残片

1～3. 马头（Hzn-285～Hzn-287）　4. 羊头（Hzn-289）

　　马臀，4件（Hzn-292～Hzn-295）。泥质灰胎。Hzn-292，墓室没有出现过。存马臀上部，残长 8.5 厘米。马体表粉红色，白色后鞦由尾基向上拉起（图版六一，1）。Hzn-293，墓室没有出现过。存臀右侧及右后腿局部，残长 9 厘米。马体表粉红色[1]，黑色皮质后鞦带拉起，结带，带角斜向下贴于马体。腿骨关节稍弯（图版六一，2）。Hzn-294，墓室没有出现过。仅存臀和右后腿局部，残长 7.5 厘米。马体黑色，间有白色条[2]，后鞦黑红相间（图版六一，3）。Hzn-295，仅存臀右侧及右后腿局部，残长 9.5 厘米。马体杏黄色，黑尾，后鞦带红色，结扣，带角下垂（图版六一，4）。

　　马背，1件。Hzn-296，墓室没有出现过。存左侧马鞍和马背局部，残长 18 厘米，从体量推测这是一匹陶质高头大马的残片。马体粉红色，鞍前高后低，红地间以白横条纹，鞍下有红色障泥（图版六一，5）。

　　马腿，15 个马腿残片，编作 1 个整理号（Hzn-299），15 个马腿残件，尺寸不一（图版六三，2）。

　　马尾，2 个马尾残片，编作 1 个整理号（Hzn-300），白色，残长 14 厘米（图版六〇，6）。

　　镇墓兽腿，2件（Hzn-297 和 Hzn-298）。Hzn-297，与墓室出土的镇墓兽腿有所不同。泥质红胎。腿上残留部分身体，足残缺，残长 12 厘米。腿白色，属镇墓兽右前腿，腿上有墨线描画的翅羽纹（图版六一，6）。Hzn-298，泥质灰胎。腿上下均残缺，残长 9 厘米。腿白色，腿面上有双墨线粗横纹，与本墓室出土的镇墓兽前腿纹较接近（图版六三，1）。

----

[1]　墓室里没有出土粉色马匹。

[2]　墓室里没有出土黑白色马。

马踏底板，2 个，编作 1 个整理号（Hzn-301），均有残缺，大小分别为 12.3 厘米 ×10.9 厘米、11 厘米 ×12.5 厘米，是陶马俑脱落的四蹄踩踏底板。

陶残片，共有 25 片，编作 1 个整理号（Hzn-302），残片上有彩色颜料层，无法拼接和识别。

3. 陶器残片

大红陶碗，1 件。Hzn-201，泥质红胎。经修复完整，通高 8、口径 15.5、足径 5.2、足高 0.6 厘米。薄唇微侈，壁微鼓，实足，足缘有细刀削痕，微外撇，足底中心下凹。碗内外有黑色污迹，似实用器，大概是绘制墓室壁画时，盛装黑色颜料的容器（图版六三，3）。

红陶碗底，2 件（Hzn-303 和 Hzn-304）。Hzn-303，泥质红陶，内壁面挂黑色污迹。碗壁残，底完整，残高 4.7、底径 6.5、足高 0.8 厘米。内底下塌，碗内壁近碗底处有数道弦纹（图版六四，1、2）。Hzn-304，泥质灰白胎。底有残缺，碗壁不存，内底微下塌，残高 2.5、底径 6、足高 0.8 厘米（图版六三，4~6）。

红陶碗残片，Hzn-305，数片，无底（图版六四，3、4）。

陶片，Hzn-306，有灰陶片 2 个，红陶片 1 个。

4. 釉陶器残片

螭柄鸡首壶残片，可识别为 2 件（Hzn-315 和 Hzn-316）。原签号为残青瓷片 2 号。灰白胎，外施青绿釉，釉面有小冰裂纹。Hzn-315，5 片碎片，螭首长 7、最大残片长 14.2 厘米。螭角长四棱状，伏贴额间，粗眉，立目，两目之间平钝，鼻部隆起，吻长且尖，衔壶盘口沿（图四〇，1）。Hzn-316，5 片碎片，螭首长 8、最大残片长 9.8 厘米。绿釉稍浅。螭角长四棱状，伏在额间，粗眉，眉梢向上弯翘，竖目，两目之间有一圆形鼓泡，鼻部隆起，吻宽且圆钝，衔壶盘口沿（图四〇，2）。

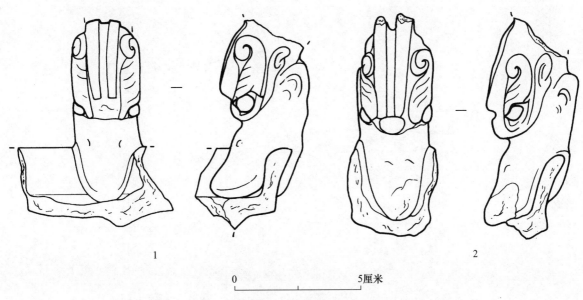

1

2

0   5厘米

图四〇 "门前"出土釉陶螭柄鸡首壶残片

1. Hzn-315　2. Hzn-316

大盘残片，可大致识别为 2 件（Hzn-317 和 Hzn-318），大厚盘，只存整盘的部分残片。灰白胎，胎厚，外施青绿釉，釉层厚，有冰裂纹。盘口有扣，盘内底面有 1 道凸弦纹。Hzn-317，7 片碎片，盘高 8、底厚 2.7、扣厚 0.9、扣高 1.3 厘米。Hzn-318，10 片碎片，盘高 8.8、底厚 2.3、扣厚 0.8、扣高 1.9 厘米。

5. 陶建筑构件残片

莲花瓦当，4 件（Hzn-311～Hzn-314），黑灰陶质。残，一大三小，形制相同。圆形，边轮宽，内圈为一周莲瓣，瓣面上有 1 条纵突棱，花瓣间隔棱直硬，似"T"形，中心为圆形莲蓬，莲子为圆点突出状（图版六四，5、6；图版六五，1、2）。Hzn-311，直径 14、边轮宽 1.8、缘厚 1.7 厘米（图四一，3）。Hzn-312，边轮宽 1.8、缘厚 1.2 厘米（图四一，4）。

除此之外，墓道石门前还出土了若干石构件残片，详见以下其他质地遗物中的墓志和其他石质文物部分。

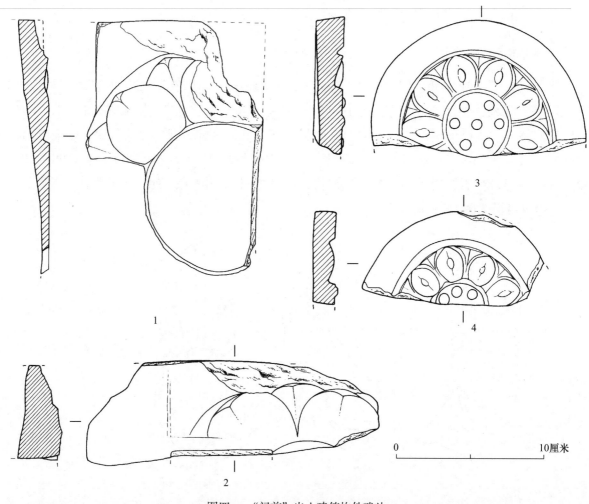

图四一　"门前"出土建筑构件残片

1、2. 莲花石（Hzn-308、Hzn-309）　3、4. 陶莲花瓦当（Hzn-311、Hzn-312）

以上陶俑、动物陶塑、陶器、釉陶器和瓦件残片分布在墓室和"门前"两处。墓室出土物数量多，保存相对完整；"门前"出土物数量少且均为残片。

二、其他质地遗物

（一）铜　器

共出土铜器 20 件，其中鎏金铜器 13 件；无鎏金铜器 7 件。

鎏金铜器，13 件。

鎏金铜小唾盂，1 件。Hzn-320，盘口，束颈，鼓腹，实足。高 5.5、口径 3、腹径 5.8、底径 4.5 厘米（图四二，3；图版六九，1）。

鎏金铜碗，1 件。Hzn-321，撇口，弧腹，圈足。口沿下有 4 道弦纹。高 3.1、口径 8.3、底径 5.1 厘米（图四二，5；图版六九，3、4）。

鎏金铜弦纹仓，1 件。Hzn-322，敛口，直壁，平底。器身饰有弦纹。高 4.1、口径 2.3、底径 4.2 厘米（图四二，2；图版六九，5、6）。

鎏金铜小镳斗，1 件。Hzn-323，镳斗短直流，敞口，直壁斜内收，折腰，平底，腹部承以三足，壁与腹部之间有一横向裂口。把柄扁长条形，顶部为五边形。镳斗高 4.2、长 7.6、宽 6.1 厘米，把柄长 10.2、宽 1.8、厚 0.4 厘米（图四二，6；图版六九，2）。

鎏金铜高足杯，1 件。Hzn-324，敛口，圆鼓腹，腹下立一柱，承喇叭形圈足，足部开裂；半球形盖，宝珠纽。器身及盖分别有 2 组和 1 组弦纹。高 8.2、腹径 4.2 厘米（图四二，1；图版六六，1）。

鎏金铜盘口壶，1 件。Hzn-325，盘口，长束颈，溜肩，深腹，平底。高 8.4、口径 2.6、腹径 5、底径 2.5 厘米（图四二，4；图版六六，2）。

鎏金铜托盏杯，1 件。Hzn-326，托敞口，弧腹，圈足，中间立一柱，柱上承一盏。盏敞口，深腹，圈足。盏外壁饰有 3 组弦纹。通高 3.7 厘米，盏口径 3.5 厘米，托口径 6、底径 3.5 厘米（图四三，2；图版六六，3、4）。

鎏金铜瓶，1 件。Hzn-327，撇口，细长颈，溜肩，深腹，圈足。高 13.9、口径 3.5、腹径 6.9、底径 3.3 厘米（图四四，1；图版六六，5）。

鎏金纽盖铜盒，1 件。Hzn-328，子母口，直壁，平底，宝珠形纽。器身饰有 3 组弦纹。高 4.4、直径 4.1 厘米（图四三，1；图版六六，6）。

鎏金铜烛台，1 件。Hzn-329，烛台敞口，弧腹，圈足，中央立有一柱用以插蜡烛的签，上部有 3 片等距离的铜片。通高 9.6、烛台口径 5.5、底径 3.4 厘米（图四三，5；图版六七，1）。

鎏金铜熨斗，1 件。Hzn-330，敞口，折腰，平底，把柄扁长条形，顶部为五边形抓手。高 1.3、口径 6.1、底径 5.4 厘米，把长 7.3、宽 1.8、厚 0.2 厘米（图四三，6；图版六七，2）。

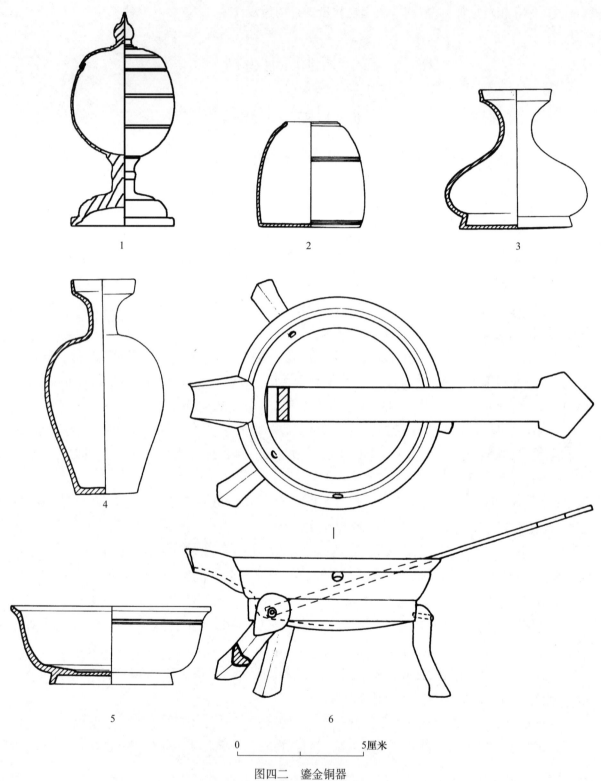

图四二　鎏金铜器

1. 高足杯（Hzn-324）　2. 弦纹仓（Hzn-322）　3. 小唾盂（Hzn-320）　4. 盘口壶（Hzn-325）
5. 碗（Hzn-321）　6. 小鐎斗（Hzn-323）

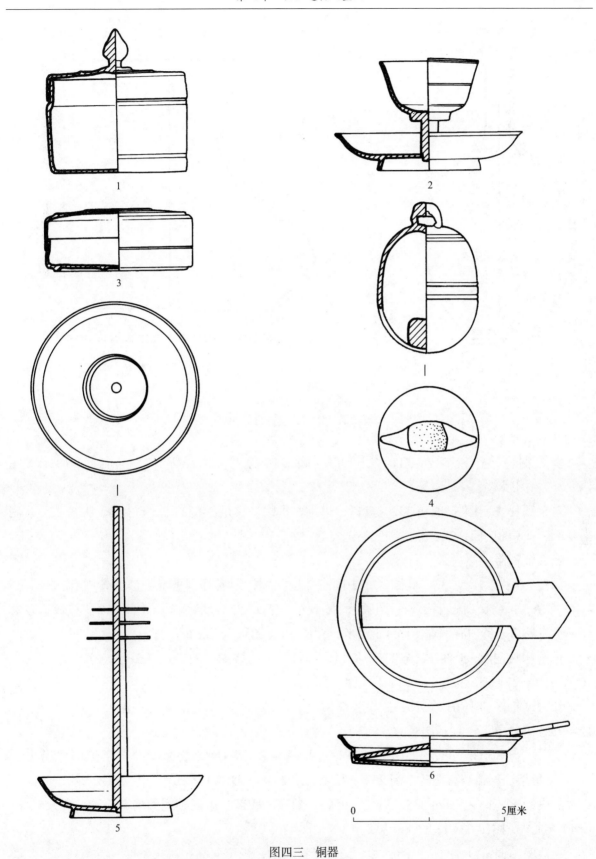

图四三 铜器

1. 鎏金纽盖盒（Hzn-328） 2. 鎏金托盏杯（Hzn-326） 3. 鎏金盒（Hzn-331） 4. 铃（Hzn-333） 5. 鎏金烛台（Hzn-329）

6. 鎏金熨斗（Hzn-330）

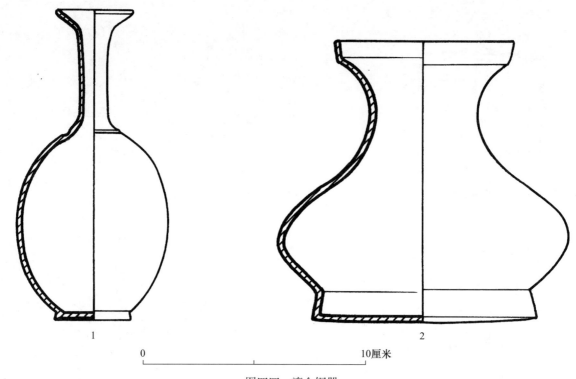

0　　　　　　　　　　　　　　　10厘米

图四四　鎏金铜器
1. 瓶（Hzn-327）　2. 唾壶（Hzn-332）

　　鎏金铜盒，1件。Hzn-331，子母口，圆形体扁，平底。高1.7、直径4.6厘米（图四三，3；图版六七，3、4）。

　　鎏金铜唾壶，1件。Hzn-332，盘口，束颈，垂腹，实足。高11.9、口径8、腹径12.3、底径9.8厘米（图四四，2；图版六七，5）。

　　无鎏金铜器　7件。

　　铜铃，2件。Hzn-333，椭圆形，中间有2道弦纹，顶有环，下有缺口，铃内有铜珠。高4.4、直径3.1厘米（图四三，4；图版六七，6左）。Hzn-334，椭圆形，中间有2道弦纹，顶有环，下有缺口，铃内有铜珠。高4.5厘米、直径3.1（图版六七，6右）。

　　长颈球腹铜瓶，1件。Hzn-335，撇口，细长颈，圆鼓腹，圈足。高20.4、口径4.5、腹径10.2、底径5.7厘米（图四五，1；图版六八，1）。

　　长颈铜瓶，1件。Hzn-336，撇口，细长颈，深腹，圈足。高20.6、口径4.5、腹径7.8、底径4.9厘米（图四五，2；图版六八，2）。

　　铜井，1件。Hzn-337，井方口，圆底，呈筒形；沿两两相交呈"井"字形，井沿上立"大"字形架，架顶端有滑轮。高23.3、长11.1、宽10.9厘米（图四六，2；图版六八，3）。

　　圜底铜盏，1件。Hzn-338，敞口，弧腹，圜底。底部2组阴刻圆圈的同心圆。高5.6、口径17.7厘米（图四六，1；图版六八，4、5）。

　　铜器座（铜镜?），1件。Hzn-339，镜背光素无纹，缘窄而高，纽长条形。高4.3、直径5.3厘米（图四五，3；图版六八，6）。

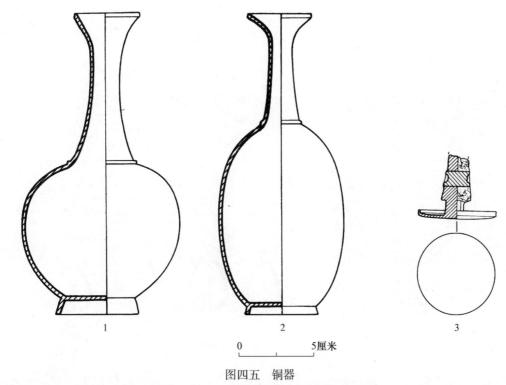

图四五　铜器

1. 长颈球腹瓶（Hzn-335）　2. 长颈瓶（Hzn-336）　3. 器座（铜镜?）（Hzn-339）

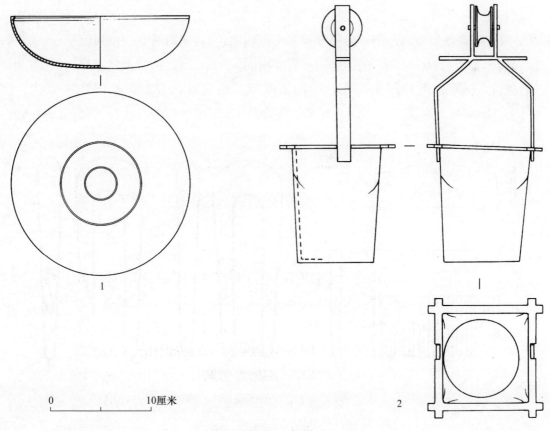

图四六　铜器

1. 圜底盏（Hzn-338）　2. 井（Hzn-337）

（二）琉 璃 器

共出土琉璃器 9 件，其中，琉璃珠 4 件、琉璃高足杯 1 件、琉璃梳 2 把、琉璃钗 2 只。

琉璃珠，4 件（Hzn-340～Hzn-343）。基本相同。Hzn-340，残。水滴状，中空。蓝色。长 2、径 1.4、璧厚 0.1 厘米（图四七，2～5；图版七○，1～4）。

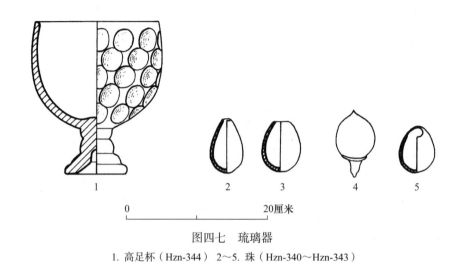

0　　　　　　　　　20厘米

图四七　琉璃器

1. 高足杯（Hzn-344）　2～5. 珠（Hzn-340～Hzn-343）

琉璃高足杯，1 件。Hzn-344，琉璃呈黄绿色。敛口，鼓腹下收，喇叭足。杯身外布满圆形网状凸纹。通高 5.2、口径 4.3、腹径 5 厘米（图四七，1；图版七一，1～4）。

琉璃梳，2 把（Hzn-345 和 Hzn-346），基本相同。Hzn-345，齿背上宽下窄，共 26 齿。通高 3.5、宽 4.2 厘米，齿背厚 0.3～0.4、高 1.5 厘米，齿宽 0.1～0.2 厘米（图四八，2；图版七一，5）。Hzn-346，通高 3.5、宽 4.2 厘米，齿背高 1.5 厘米（图四八，1；图版七一，6）。

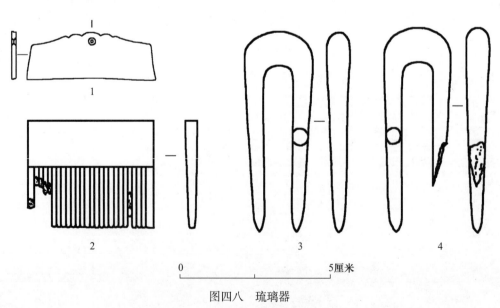

0　　　　　　　　　5厘米

图四八　琉璃器

1、2. 梳（Hzn-346、Hzn-345）　3、4. 钗（Hzn-347、Hzn-348）

琉璃钗，2只。Hzn-347，平面呈 U 型，钗头为半圆形，双股为圆锥形。长 6.4、宽 2.2、钗头间距 1 厘米（图四八，3；图版七〇，5）。Hzn-348，与 Hzn-347 基本相同，一股残（图四八，4；图版七〇，6）。

（三）金　银　器

共出土金银器 3 件，其中包括金饰 1 件、银器 2 件。

金器，1 件。

金耳饰，1 件。Hzn-349，椭圆形，上、下为俯、仰六瓣莲纹，中部有环状凸起。通长 4.6 厘米（图四九，1；图版七二，1、2）。

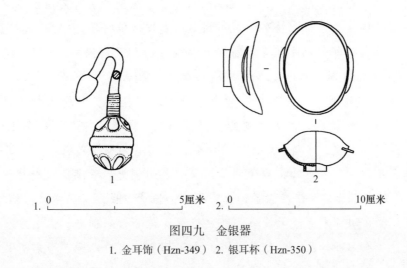

图四九　金银器
1. 金耳饰（Hzn-349）　2. 银耳杯（Hzn-350）

银器　2 件。

银耳杯，1 件。Hzn-350，平面呈椭圆形，两侧耳呈半月形，两沿略尖、微上翘如船形。高 2.5、长 6、宽 4.9 厘米（图四九，2；图版七二，3～5）。

银下颌托，1 件。Hzn-351，残。托颌片呈勺形，两端各残存一长条（图版七二，6）。

（四）墓志和其他石质遗物

1. 墓志

韩祖念墓志为砂石质，长 77.5、宽 76 厘米，平放于后室东南角。志文为隶书，通篇方整肃穆，精谨端雅，笔势挺坚，特别以楷法作篆部首，更使结字别出心裁，可模可范。志文凡三十二行，行三十二字，后五行字数略多，计一千零二十八字（图版一）。

志文记载，墓主人为韩祖念，字师贤，昌黎郡龙城县人，生于北魏永平三年（510 年），北齐天统四年（568 年）十一月廿九日葬于五泉山，享年五十八岁。

原文摘录：

　　王讳祖念，字师贤，昌黎郡龙城县人也。灵源导于天地之初，懋祉□□云鸟之世。□/嬴阐其瑶构，汉兴播其鸿绪。门积人宝之隆，家传止爵之贵。郴彬竹素，可略而言。祖/是突，雁门府君，父罗察，仪同三司、云中郡开国公。并德被生民，道光雅俗，功成身退，/世佳名飞。王天表逸木，神资秀质，识度恢远，志量盅深。岐嶷已有将相之风，总䘚便/著公侯之望。由是，机警独发，规谟客举，节高俗外，名盖寰中。类鳞属之螭龙，辟鸟群/之鸾凤。通人达鉴，咸以治乱凭之。遂寔交霸后，潜质■帝图。从游范砀（阳）之间，陪奉芜/蒌之路，勤诚铡峙，忠节云标。故以劲草见嗟，披荆致赏。及臣怨已雪，大乱斯除，九服/宅止，百神改列。乃除宁朔将军、步兵校尉。寻转安远将军，复迁平东将军、太中大夫，/封昌阳县子、帐内都督。更移右箱都督，领亲信。韩陵大殄，乃授征东将军、金紫光禄/大夫、泾州刺史，复改昌阳子为开国县侯，复除征北将军、蔚州刺史。更授车骑将军，/别封开封县开国侯，迁仪同三司、骠骑将军，帖平阳子。■皇齐膺篆，乃加开府仪同/三司，增封云阳县开国子，领左卫大将军。自沙塞多虞，胡兵屡扰。■威宗频年出讨，/王每立殊功，乃以本官除建州诸军事，建州刺史。■威宗以王地峻礼崇，勋隆业大，/建部局小，未允时瞻。因转晋州诸军事，晋州刺史，余官如先。征还拜特进。皇建之始，/进封武功王，复除宁州刺史，食济阴郡干。企卫钧陈，望尽朝杰，乃征入，拜领军将军。/但方牧仗质，事切中任。复出，除瀛州诸军事、瀛州刺史，年满移授南朔州刺史，领大/都督。此则宁州故部，任在襟带，鸣声杖节，恒资重臣，必藉威灵。故既去复返，更加特/进，食浮阳郡干，迁司徒公，进大将军，转南云州刺史。王圆方在己，动静兼运，九能□/备，百行无爽。爱敬之道，资父杨名，忠贞之亮，事君尽礼。时逢开辟，运属经营。始督兵/于麾下，终持柯于阃外；或西平胡落，南静蛮方；或深邯秦关，长驱朔野。皆以推锋陷/敌，执讯搴旗。鄙方邵之为功，嗤卫霍之言勇。及勋唯利建，■帝乃图居，爵冠于十等，/赋苞于千乘。■皇情求瘼，寄在六条；我驾传车，凡登七岳；政宣惠洽，易俗移风。同孟/坚之寨襜，喻乔卿之露冕。至于汉赏窦融，唯加特进，晋尊庾亮，止授领军。眇视前贤，/罕闻兼历，独隆望实，郁尔俱昆。及百姓不亲，爰司中鼎；九伐须总，迁居上将。安危并/注，朝野方依。但辰巳忽寝，手足斯启，沦化不追，山颓奄及，以齐天统四年正月二十/三日，薨于云州之镇，春秋五十八。■一人兴悼，百辟同哀。■诏赠使持节、都督青冀/瀛沧济赵汾七州诸军事、青州刺史、太保、尚书令、王如故，谥曰忠武王，礼也。即以其/年十一月廿九日，永厝于五泉山。嗟夫！楚班易毁，魏冢终败，恐泉壤瞑昧，盛烈无闻。故/铭此幽扃，式昭休范。其词曰：■神基岳立，冥祉云烝。焕乎千祀，王业三兴。篆籀昭晰，龟组/相承。郁为时栋，治乱终凭。汉曰文终，晋称壮武。英图胜迹，连规合矩。出则爪牙，入为光辅。身/秉国钧，名飞天宇。迢迢黄阁，辒辒班轮。苏李英将，唐宋才宾。旌旗蔽景，铙吹飞尘。如何不淑，翻□/□辰，追终有礼，宸矜以惕。大辂龙旒，隆兹宠锡；山原忽眕，松开杳寂；银雁匪游，金辇罢绩。

　　（■代表空格，□代表缺字）

2. 其他石质遗物

"门前"出土石质残片4件，有3件可辨形状，上凿有莲花纹，分别作为单个器物处理，另有部分碎石块，正面磨圆、背面也有人工凿痕，但却无法辨识其形制，因此集中编1个整理号。

圆石片，1件。Hzn-307。正圆形，底为平面，正面光滑，突出为圆面。底径10，厚2.3厘米（图版六五，3、4）。

莲花石，2件（Hzn-308和Hzn-309）。Hzn-308，莲心圆形，周缘连接近圆形莲瓣，瓣间有隔。残长15.5、宽12厘米，莲心径9.3厘米，莲瓣长4.8、宽4.5厘米（图四一，1；图版六五，5）。Hzn-309，长条状，边有凿痕，莲瓣半圆形，上下相接，中有间隔。残长19.9、12厘米，莲瓣长2.8、宽5.5厘米（图四一，2；图版六五，6）。

碎石块，Hzn-310，10块左右，有比较平整的石块，素石面。厚3.5厘米。

三、壁　　画

"（后室）顶部绘星宿图，西壁绘牛车出行图，东壁绘鞍马回归图，北壁绘墓主夫妇坐帐图。"按照发掘者所描述的情形推测，韩祖念墓后室内壁满饰壁画。壁画临摹稿总面积32.39平方米，有墓主夫妇坐帐图、坐帐图上方的莲花图、西壁牛车出行图、东壁鞍马回归图、南壁墓门两侧莲花图、东（西）壁上方的莲花图。未见到墓顶壁的星宿图临摹稿。

壁画的白灰地仗层极为薄脆，在砖壁粉刷一层稀薄的白灰浆水，白灰浆厚0.1厘米，脱落十分严重。白灰层勉强涂抹在青灰色砖面，整个画稿都可以透视到横平竖直的砖缝，壁画人物仿佛是印在砖壁上的影子。画者在透着砖灰色的白灰地仗层上墨线起稿，似已成竹在胸，笔画时而平直，时而弯转，画面用墨线起稿描出人物、车具、动物、花卉的轮廓，再在墨浅内施彩，赭黄的壮牛、枣红色的马匹，人物衣饰简洁，发髻黑色，衣服红、白、赭黄等色。大面积绘制的花卉图案格外引人注目，布置在人物画面与星象图之间，花瓣柔和饱满、飘动流转，色彩艳丽，烘托出祥和温暖的气氛。

彩绘各类人物14人，牛车1架、马1匹。其中墓主夫妇坐帐图绘画人物5人，鞍马回归图绘有人物5人，牛车出行图绘有人物4人。

依据现存画稿可以大致复原后室壁画原貌。画面的横向布局，墓室北、东、西壁，各墙面由直壁和券壁组成，赭红色宽线条由下至上，将直壁和券壁分成四个画面，北壁墓主夫妇坐帐图、西壁牛车出行图、东壁鞍马回归图、南壁墓门两侧花卉图。画面的纵向布局，自上而下布置天上、仙界和人间，分别绘画星空图、莲花忍冬花卉图、凡间生活图。后室顶壁繁星点点，券壁上满绘飘荡的莲花、忍冬花，直壁则是坐帐图和出行图、回归图，整个画面布局与太原徐显秀墓壁画相似。赭色宽条带沿着墙角线向上延伸，将莲花图分界开，整体来看，莲花图围绕整座后室内壁，单从每壁面来看，莲花图和其下方墓主凡间生活图又自成一体。而星空图与莲花图之间自然过渡，并未设置界栏。如北壁墓主夫妇坐帐图的屋顶已经延伸至莲花图中。

北壁壁画：墓主夫妇坐帐图，壁画长 3.54、高 2.4 米，面积约 8.5 平方米（图版二）。北壁莲花忍冬图，位于墓主夫妇坐帐图上部，壁画高 1.32、东西长 3.36 米，面积 4.44 平方米（图版三）。坐帐图下部损毁严重，颜料层大面积脱落，裸漏出灰砖墙体。壁画中绘有红色幔帐，墓主人夫妇背后置屏风，端坐于幔帐之中，容仪肃穆而端庄，夫妇二人均是椭圆形脸，广额，丰颐，细眉凤眼，长耳，小嘴。男主人居于左侧，女主人居右侧，男主人身着合领宽袖博衫，头戴扁平小冠，双手拢于袖内，正襟端坐。侧有 1 名侍者，头顶无发，双手合拢袖中端于身前，身前伸出 1 支长梗莲花，莲花顶部与墓室顶部所绘祥瑞图相连。女主人身着右衽交领宽袖长衫，头挽扁平双髻发式，双手拢于袖内。女主人右侧画面大面积脱落，所绘内容不详，画面右上部绘有 2 名半身侍女像，侧身面向墓主人夫妇，呈躬谨尽心之态。侍女均椭圆形脸，广额，丰颐，细眉，凤眼，高鼻，小嘴，身着长裙，头挽双丫髻，将头发梳于头顶，再一分为二，盘梳成二髻，髻如枝杈状。两侍女之间绘 1 朵大莲花，花瓣圆润饱满。

东壁壁画：鞍马回归图，壁画南北长 3.6、高 1.8 米，面积约 6.48 平方米（图版六）。后室西壁（或东壁）莲花忍冬图，位于鞍马图或者牛车图上方，高 1.32、宽 3.18 米，面积 4.2 平方米（图版五）。不知何种原因，只临摹了一个方向的上部壁画，猜测可能是两侧上部图案相近或相同，所以只临摹了一面，当然也不能排除另一侧壁画保存不佳。东壁壁画距墓室地面 0.67 米处以下壁画损毁严重，颜料层大面积脱落，裸漏出灰砖墙体。画面由马匹、驭夫及 2 名侍女、2 名侍从组成，整组画面 2 名侍从在前为先导，1 匹枣红骏马紧随侍从之后，马曲颈伫立，两耳直立向前，络头、鞍鞯皆俱，颈饰銮铃，障泥垂于马腹两侧，马匹一蹄曲抬。鞍马侧后有 1 名驭夫，短眉，细目，发髻平梳于头顶，身着圆领长襦。驭夫身旁有一攒尖顶杏黄色四角华盖，四角吊坠，华盖下有 1 名侍女，椭圆形脸，广额，细眉，凤眼，高鼻，小嘴，头顶盘双髻。侍女身后绘有 1 朵小莲花，花开 3 瓣，花后立有另 1 名侍女，身形稍矮，椭圆形脸，目视前方，着圆领衣。整组画面上部绘有莲花、卷草及忍冬等祥瑞图案。

西壁壁画：牛车出行图，壁画长 3.6、高 1.5 米，面积约 5.4 平方米（图版四；图版八，1）。距后室地面 0.8 米以下壁画损毁严重，颜料层大面积脱落，砖墙裸漏。壁画上部飘动着莲花和忍冬花瓣。此壁画由牛车、御者及 3 名侍女组成，整组人物、车架朝向一个方向。牛首高昂，双目圆睁，头平前伸，双角上冲。车为双辕车，由车盖、车厢、车轮组成。尤以车盖醒目，卷棚式杏黄色车盖，前端微微上翘，伸出较长，后端伸出较少。牛右侧有 1 名青年男性侍者，似是御者，头顶发缠双髻，圆脸，广额，细眉，凤眼，高鼻，小嘴，身穿圆领长袍。车后有 3 名侍女，第一名侍女，紧随车后，椭圆形脸，广额，丰颐，细眉，凤眼，脸露笑意，身着黄色圆领长裙，双手合拢于身前，身体比例略小于第二、三名侍女。第二名侍女，椭圆形脸，广额，丰颐，细眉，凤眼，樱红小嘴，微露笑意，身着红色圆领对襟长裙，双手合拢于身前。第一与第二名侍女之间还绘有 1 面团扇。第三名侍女，椭圆形脸，高额，短眉，凤眼，樱红小嘴，微微上挑，内着红衣，外穿白色圆领对襟长裙，双手合拢于身前。

南壁壁画：后室门两侧莲花忍冬花卉图，墓门开在后室南壁，门两侧饰以莲花纹图案。墓门东侧壁画损毁严重，仅存上部图案，残高 0.78、残宽 0.48 米，面积 0.37 平方米（图版七，1）；门西侧壁画保存较好，高 3.12、残宽 0.96 米，面积 3 平方米（图版七，2）。莲花早在东汉佛教传入前就已作为装饰纹样而出现，随着佛教在北齐的盛行，在佛教艺术中，莲花为圣洁之物，有时也作为净土的象征，成为佛教艺术主要装饰图案之一，大量出现于当时墓葬装饰中，借以表达死后飞仙的美好愿望，如河北磁县湾漳北齐壁画墓墓道地面绘八瓣仰莲、山西太原北齐徐显秀墓（571 年）墓室南壁门洞上方绘着硕大的莲花等等，应是佛教思想和佛教艺术对世俗文化深刻而普遍影响的结果（图版七）。

　　韩祖念墓所处的太原地区，是我国古代北方重要的军事重镇，是北方政治、经济、文化中心，是中西各民族思想、文化碰撞与融合之所在。这一地区近年来相继发掘出土了北齐时期2 座重要的壁画墓，即太原北齐东安王娄睿墓（570 年）和北齐武安王徐显秀墓（571 年），墓葬主人与韩祖念一样均属北齐勋贵，位高权重。韩祖念墓壁画与太原地区出土的北齐时期壁画墓比较内容布局相似，但绘制技法和着色相对简单，人物形象多以正面、侧面、半侧面组合出现，人物刻画多处于静态描绘，缺乏立体感，且存在五官比例失准，画法稚拙等不足。

第五章　太原北齐韩祖念墓初步研究

一、陶质遗物初步研究

（一）墓室陶质遗物的分布

后室呈弧边方形，南壁开墓门，沿西壁南北向置棺床，2 盒墓志置于后室东南角，随葬品主要堆放在甬道近后室封门处（原始标签所标示位置为"墓室封门前"）、后室封门两侧、后室东壁及东南角、后室封门至西壁处。

根据原始标签，分别对墓室出土的陶俑、动物陶塑和陶器出土位置汇总列表（表一～表三）。从统计表中可以看出，陶俑主要分布在甬道近后室封门处和后室东壁处；动物陶塑分布在甬道近后室封门处和后室内；陶器则主要分布在后室西壁处，其他地方也有一些。由此，可大致确定几个区域，后室封门东侧至墓室东壁为一个区域，主要布列陶俑；后室封门处摆放猪、狗、羊、鸡、马等动物陶塑，是为第二个区域；后室封门西侧至后室西壁、临近棺床处，摆放碗、盘、瓶、壶、罐等生活器具，是为第三个区域。

值得注意的是，通常的情况，镇墓兽和镇墓武士俑分列于墓室封门两侧。但是，从墓葬平面示意图中看到，这两种用于镇墓避邪的重要随葬品，所处位置已经有所偏移，镇墓兽和一件镇墓武士俑位于后室封门西侧，另一件本该位于后室封门东侧的镇墓武士俑，反而倒放在棺床以南、封门至墓室西壁之间，显然位置发生了偏移。

表一　墓室陶俑出土位置统计表　　　　　　单位：件

位置 名称	后室封门前	墓室封门前	后室东侧	后室西侧	位置不明	合计
镇墓武士俑				1	1	2
执盾武士俑 A 型	6	8	9	1	3	27
执盾武士俑 B 型	6	10	12	2	3	33
铠甲武士俑	5	7	6		1	19
垂臂执物武士俑 A 型	15	7	4	4	1	31
垂臂执物武士俑 B 型	4	6	4		1	15
曲臂武士俑 A 型	2	2	2	1		7
曲臂武士俑 B 型			2			2
曲臂武士俑 C 型			1			1
曲臂武士俑 D 型			1			1
三棱风帽武士俑					2	2
佩剑武士俑					1	1

续表

位置＼名称	后室封门前	墓室封门前	后室东侧	后室西侧	位置不明	合计
击鼓骑马俑			1		1	2
骑马文吏俑 A 型	1		1			2
骑马文吏俑 B 型				1		1
骑马文吏俑 C 型			1			1
甲骑具装俑				1	1	2
吹奏骑马俑			1			1
骑马俑	1					1
着花袍骑马俑	1					1
戴卷沿帽骑马俑	1					1
骑骆驼俑					1	1
文吏俑					1	1
女官俑	1	2			2	5
笼冠俑	1				2	3
月牙髻侍女俑 A 型		3			2	5
月牙髻侍女俑 B 型	1					1
背壶形器女俑					1	1
跪侍女俑	1	4	1			6
合计	46	49	46	11	24	176

表二　墓室动物陶塑出土位置统计表　　　　　单位：件

位置＼名称	后室封门前	墓室封门前	后室东侧	后室西侧	位置不明	合计
镇墓兽				1		1
大马		1			1	2
羊	3	4	2		1	10
鸡		1				1
狗	2					2
猪	2	3	2		1	8
合计	7	9	4	1	3	24

表三　墓室陶器出土位置统计表　　　　　单位：件

位置＼名称	后室封门前	墓室封门前	后室东侧	后室西侧	后室棺床东侧	位置不明	合计
红陶碗				1		1	2
灰陶碗				12			12
圆扣盒				8			8
圆盖				2			2
罐			2	2		1	5

续表

名称＼位置	后室封门前	墓室封门前	后室东侧	后室西侧	后室棺床东侧	位置不明	合计
大罐				2			2
灶						1	1
螭柄鸡首壶				1		1	2
瓶				1			1
大盘				1		1	2
灯				4			4
合计		2	34		1	4	41

（二）"门前"出土陶质遗物的来源

"门前"即墓道近石门处出土遗物76件，占出土遗物总数的21.7%，其数量较多，品类也较丰富。这批陶俑、陶器或石质残片，在原始标签中，相同质地器物合用一个器物号，可知这些不同质地的器物极有可能混和堆积在一起，单个器物所处位置比较接近。陶俑残片中，除有6个俑头可与墓室出土俑身拼合为一体，归到墓室出土遗物统计外，另有5件陶俑修复完整，这11件陶俑与墓室出土的陶俑或为同一个体，或为同一种类，而其余的36件俑身、俑头残片，有很大一部分为墓室没有出现过的类型，如提裙侍女俑（Hzn-264）、挎包袱女俑（Hzn-170）、戴围脖武士俑（Hzn-265）、大陶俑残片（Hzn-266）、戴兜鍪俑头A型（Hzn-267、Hzn-269）、戴兜鍪俑头B型（Hzn-268）、戴圆顶折角风帽俑头（Hzn-270），都是墓室中不曾出现过的样式。动物陶塑残片中的马头、羊头、鸡头及马臀的绝大部分，形制和色彩各具特色，也是墓室没有出现过的。另外，支离破碎的釉陶器残片虽然能辨识出分属于不同个体，但是残片数量有限，拼接后也只是整器的一小部分。由此可见，石门外出土的这批陶质遗物残片，除一小部分与墓室出土物有关联外，大部分与墓室内随葬品不相类属，它们大小相杂，色彩各异，制作粗细不一，胎色有红有灰，烧结温度有高有低，对这些陶俑的来源可做出以下推测。

（1）极有可能是陶明器作坊不同批次的残次品。这批残次件之所以能够出现在韩祖念墓的墓中，推测可能是在装运过程中，为减少明器破损率，将作坊内积存的陶残片置放在明器个体之间，以起到运输过程中的支护固定作用。墓主下葬之际，人们把完整的明器摆放进墓室后，顺手将这些五花八门的残破件一并倒于石门外的墓道内，这也在情理之中。实际上，徐显秀墓墓道、过洞、天井和甬道中也发掘出不少残陶片[①]，说明此种做法并非孤例。另一个饶有趣味的做法是娄睿墓，其墓道中有意识地放置着大量陶俑[②]，这些俑数量多，完整度好，

[①] 《太原北齐徐显秀墓发掘简报》："墓道回填土和墓道底部清理出陶俑、俑头、马腿等17件；过洞、天井内有陶俑、俑头7件；甬道内有陶俑、俑头、碎瓦片17件。"

[②] 《北齐东安王娄睿墓》："陶俑主要分布在墓室和墓道内，据统计墓室内有304件……墓道后段（北端）有303件，这部分陶俑保存较好，以步兵俑和文吏俑为主，有少量的女侍俑，基相上没有骑兵俑和生活用具……非常有趣的是，在墓道北段单独放了一个陶厕所模型……在甬道前段墓门外放有一匹骏马模型，似为头马，在引导墓室内的'千军万马'出巡。"

且具有一定的排放次序，由此观之，墓道也并不完全是用来弃置残破碎片的，也可能是安置随葬品的主要场地。

（2）这些陶俑残片也有可能是韩祖念下葬时的随葬品，若干年后，其夫人下葬时，将原置于墓中的随葬品清理出去，重新安置一批新的随葬品，原先随葬品的细碎残片极有可能混合进泥土中被回填入墓道，从而形成这一局面。墓中铜器、琉璃器及下颌托等器物作为与夫人同时下葬的随葬品可能性极大，那么重新放置一批新的陶质随葬品也不是没可能，况且该墓中的垂臂执物武士俑所戴缚带帽的形制已经呈现出北朝以降过渡时期的特征。

另外，北朝陶窑和陶器作坊，目前考古发现尚属空白，学界对于北朝陶瓷作坊的分布位置、生产规模等方面知之甚少，而在缺少陶窑直接考古材料的条件下，墓葬陶俑所携带的蛛丝马迹，或许可以成为打开北朝陶瓷窑研究的窗口。

太原北齐陶俑与大同、山东、河南、河北以至陕西的同期陶俑形制风格有明显区别[1]，太原北齐墓葬中的陶瓷制品并非太原地区以外的舶来品，它们是由本地生产并服务于本地市场。然而，如上所述，太原地区北朝窑业考古工作尚属空白，而此次韩祖念墓墓道出土的陶品残件，从一个侧面提醒我们加强太原地区陶瓷窑业遗存的田野调查和考古发掘工作，或许将是未来工作的一个重要方向。而至于那件体量可观的大陶俑残片（Hzn-266），一定有与之相仿的完整器存在于某座未被发掘的北齐高等级墓葬中，纵观已经发掘的北朝墓葬，到目前为止，也只有河北磁县湾漳北朝壁画墓出土过2件大体量门吏俑[2]，相信以后的太原地区北齐墓葬发掘中，也将会有非同寻常的重要发现。

粘接完整的大红陶碗（Hzn-201）里外都有黑色污迹，这一点不禁使人联想到徐显秀墓墓道中出土的沉积颜料的陶碗[3]，该碗也应是盛放墓葬壁画颜料的容器。

（三）陶俑的身份组成

墓室出土执盾武士俑60件、铠甲武士俑19件、垂臂执物武士俑46件，这几种俑数量相对较多，每种俑的服饰面貌相同，整齐划一，形成颇具规模的整齐阵列，展示墓主生前统领军队的戎马生活。曲臂武士俑、官吏俑、骑马俑及侍女俑等，每种俑只有为数不多的几件，有的甚至是1～2件，此种现象类似于贺拔昌墓陪葬俑，贺拔昌墓出土18件陶俑分属12个种类[4]，可见在当时陶俑随葬习俗中，数量固然重要，但种类的多样性也是不容忽视的。

北朝是我国历史上比较开放的时期，长城内外、丝路沿线、大江南北，文化交流和民族融

---

① 考古学界因太原北齐陶俑的独特性称其为"晋阳样式"，下文有论述。

② 中国社会科学院考古研究所、河北省文物研究所：《磁县湾漳北朝壁画墓》，科学出版社，2003年，第51～52页。

③ 《太原北齐徐显秀墓发掘简报》："甬道底部东北角清理出泥质红陶碗1件……碗底沉积有橘红色颜料……东边门枕石兽前也清理出泥质灰陶残盆1件，内有黄色颜料。应为当时绘制壁画的颜料容器。"

④ 《太原北齐贺拔昌墓》注释⑫："贺拔昌墓可辨别陶俑18件，分为十二类。其中形制相同者仅3件。由于墓葬被盗，水蚀破坏等原因，类型数量统计不完全，但总的格局应该不会改变。"

合空前繁盛。北朝墓葬随葬品中，鲜卑人、汉人形象随处可见，同时也有少数的胡人形象，从娄睿墓和徐显秀墓壁画中即可见一斑。贺拔昌墓[①]和徐显秀墓[②]出土的辫发骑俑，脸庞扁圆，束结发辫，具有乌丸、鲜卑等少数民族特征；河北东魏茹茹公主墓[③]、东陈村东魏墓[④]、东魏李希宗墓[⑤]、北齐高润墓[⑥]、北齐元良墓[⑦]、北齐尧峻墓[⑧]，河南偃师北魏墓[⑨]、北齐范粹墓[⑩]等出土陶俑鲜卑族和汉族人物形象特征一目了然。如北齐范粹墓出土武士俑、仪仗俑、仆侍俑等，从服装、相貌上看，既有鲜卑人，也有汉人。其中的鲜卑侍吏俑，身穿宽袖襦、大口裤，外披大氅，头戴鼓包状圆顶风帽，长宽脸、粗眉大目、阔嘴厚唇，显得格外彪悍神勇。同墓出土的陶仪仗俑，头戴小冠，身穿交领长襦，表情柔和，五冠紧凑小巧，神态谦卑，则是汉人文士形象。另外还有深目高鼻的胡人俑。

　　自北魏孝文帝迁都洛阳，实行全面汉化政策以来，汉人广泛而深入地参与到社会生活的众多领域，主动或被动地与鲜卑族全方位地接触，在长期的民族融合过程中，鲜卑族处于统治地位，可以想见，鲜汉之间的矛盾冲突在所难免。史书记载高欢为缓和两族关系，曾号令鲜卑军士或汉族民众要互惠互利，相互包容，"其语鲜卑则曰：'汉民是汝奴，夫为汝耕，妇为汝织，输汝粟帛，令汝温饱，汝何为陵之？'其语华人则曰：'鲜卑是汝作客，得汝一斛粟、一匹绢，为汝击贼，令汝安宁，汝何为疾之？'"[⑪]从高欢的一席话语中可以看出，汉人承担着农耕、纺织等社会生产任务，处于服从和服务地位，鲜卑人则掌控兵马，东征西讨，担任国家防务。《魏书·刘洁传》："郡国之民虽不征讨，服勤农桑，以供军国"，也说明了类似的社会分工情况。北朝墓葬中出土的身份卑微的侍女，大多由汉族妇女担当，如黄骅北齐常文贵墓[⑫]出土的月牙髻女立俑和女执盆俑，娄睿墓[⑬]出土的月牙髻女侍俑、女跪侍俑和执箕俑（简报称女仆俑），韩祖念墓同样出土了神态谦卑、表情哀伤的月牙髻侍女俑和跪侍女俑，她们哀怨愁苦，似有某种不愉悦的情绪压抑心中无法释怀，其中的 Hzn-166 和 Hzn-172 两件女俑鼻部平直，有人为切削痕迹，似曾经遭受过残酷的劓刑。

　　东魏北齐社会大格局虽然如此，但军队中也有汉族兵勇的踪影，如河北大族高昂曾率乡里

①　太原市文物考古研究所：《太原北齐贺拔昌墓》，《文物》2003 年第 3 期。

②　山西省考古研究所、太原市文物考古研究所：《太原北齐徐显秀墓发掘简报》，《文物》2003 年第 10 期。

③　磁县文化馆：《河北磁县东魏茹茹公主墓发掘简报》，《文物》1984 年第 4 期。

④　磁县文化馆：《河北磁县东陈村东魏墓》，《考古》1977 年第 6 期。

⑤　石家庄地区革委会文化局文物发掘组：《河北赞皇东魏李希宗墓》，《考古》1977 年第 6 期。

⑥　磁县文化馆：《河北磁县北齐高润墓》，《考古》1979 年第 3 期。

⑦　磁县文化馆：《河北磁县北齐元良墓》，《考古》1997 年第 3 期。

⑧　磁县文化馆：《河北磁县东陈村北齐尧峻墓》，《文物》1984 年第 4 期。

⑨　偃师商城博物馆：《河南偃师两座北魏墓发掘简报》，《考古》1993 年第 5 期。

⑩　河南省博物馆：《河南安阳北齐范粹墓发掘简报》，《文物》1972 年第 2 期。

⑪　《资治通鉴·梁纪》卷一百五十七。

⑫　王敏之：《黄骅县北齐常文贵墓清理简报》，《文物》1984 年第 9 期。

⑬　山西省考古研究所、太原市文物管理委员会：《太原北齐娄叡墓发掘简报》，《文物》1983 年第 10 期。

部曲参加高欢消灭尔朱氏势力的韩陵之战。东魏北齐也常"简华人之勇力绝伦者，谓之勇士，以备边要"[①]。如兴和元年（539 年），东魏孝静帝就曾以尚书左仆射司马子如为北道大行台"差选勇士"[②]，以奚思业为河南大使"简发勇士"[③]；北齐文宣帝高洋改革军队，实行"百保鲜卑"政策，就是从汉人中选拔猛士，充任军队"勇夫"角色。军队的管理阶层也汇集着汉族的能臣雅士，"晋阳都会之所，霸朝人士攸集"[④]，并州大行台内设骑军曹和外兵曹，深受高欢父子宠信的汉士多在其中担任要职，如太原阳邑人白建"初入大丞相府骑兵曹，典执文帐"；晋阳人唐邕曾直外兵曹，对高齐军队虚实了如指掌，"齐氏一代，典执兵机。凡是九州军士，四方勇募，强弱多少，番代往还，及器械精粗，粮储虚实，精心勤事，莫不谙识"[⑤]；汉人赵起曾长期担任霸府骑曹的职务，"天平中，征为相府骑曹……高祖世频为相府骑兵二局，典知兵马十有余年"[⑥]；汉官徐远深得高欢赏识，"高祖以远闲习书记，命为丞相骑兵参军事，常征伐克济军务，深为高祖所知"[⑦]。在高齐大将军府中担任职务的汉族僚佐更比比皆是，如有薛琡、王峻、苏琼、祖珽、崔季舒、杜弼等等。但无论如何，东魏北齐军队以鲜卑人为主体却是不争的事实，出土的北朝墓葬随葬陶俑也印证了当时的这一社会现实，如大同雁北师院北魏墓群[⑧]、东魏茹茹公主墓[⑨]、磁县湾漳北朝壁画墓[⑩]等墓出土的陶俑，大多面相浑圆饱满，额部宽大，是明显的鲜卑人的面部特征，表明以鲜卑人为主体的军队人员构成。太原出土的北齐时期的陶俑，面部特征一部分承袭北魏、东魏以及磁县北齐陶俑的特点，额部高宽，两腮浑圆，如韩祖念墓中的文吏俑、笼冠俑的面部特征即是如此。而数量较多的一部分陶俑，面颊进一步拉长，长圆脸，宽额细目，额部丰满，如韩祖念墓的执盾武士俑、执物武士俑以及骑马武士俑的面部特征都是此种类型。这两类陶俑表现的都是鲜卑人的相貌特征，代表的是鲜卑军队。而后一种拉长且浑圆的面部特征，在太原地区发掘的其他北齐陶俑中也有一定程度的反映[⑪]。不仅陶俑，本地区同期墓葬壁画和石窟造像亦是如此，此种现象日益受到越来越多学者的重视，或有称之为"晋阳样

---

　　① 《隋书·食货志》卷二十四："魏武西迁，连年战争，河洛之间，又并空竭。天平元年，迁都于邺，出粟一百三十万担，以振贫人。是时六坊之众从武帝而西者，不能万人，余皆北徙，并给常廪，春秋二时赐帛，以供衣服之费。（齐）文宣受禅，多所创革。六坊之内徙者，更加简练，每一人必当百人，任其临阵必死，然后取之，谓之'百保鲜卑'。又简华人之勇力绝伦者，谓之'勇夫'，以备边要。"

　　② 《魏书·孝静纪》卷十二。

　　③ 《魏书·孝静纪》卷十二。

　　④ 《北齐书·刘逖传》卷四十五。

　　⑤ 《北齐书·唐邕白建传》卷四十。

　　⑥ 《北齐书·赵起传》卷二十五。

　　⑦ 《北齐书·徐远传》卷二十五。

　　⑧ 大同市考古研究所：《大同雁北师院北魏墓群》，文物出版社，2008 年。

　　⑨ 磁县文化馆：《河北磁县东魏茹茹公主墓发掘简报》，《文物》1984 年第 4 期。

　　⑩ 中国社会科学院考古研究所、河北省文物研究所：《磁县湾漳北朝壁画墓》，科学出版社，2003 年。

　　⑪ 太原地区发现的北齐墓葬，并不是所有墓葬中陶俑都有此种面部特征，如北齐早期墓葬还是以承袭河北、河南陶俑特征为主，风格粗犷，面部宽阔，宽嘴厚唇，如张海翼墓陶俑即是如此。

式"①。另外，韩祖念墓出土的铠甲武士俑则表现出清新精致的特点，面部短而尖削，鼻梁坚挺，目光炯炯，与上述 2 种俑面部特征大有不同，却与太原隋代斛律彻墓甲骑具装俑②面部特征十分接近。因此韩祖念墓出土的陶俑面部特征多元化，既有大同一带东魏陶俑特点，又具有晋阳本地特色，同时还兼具有隋代陶俑的特征。

随葬陶俑中也有一些生动传神之作，塑造者基于对现实生活的认真观察，以写实之风，对陶质人物体态进行细致入微的塑造刻画，带给观者丰富的想象空间。吹奏骑马俑（Hzn-159），坐于马上，仰背凸肚，头甩向一侧，右臂向外伸出，口鼻作用力吹气状，神情专注，眼睛望向远方，显然已经沉浸在悠扬的乐曲声中。挎包袱女俑（Hzn-170），只存身体中段，她以侍者身份，恭敬从事，包袱束结在小臂上，里面也许装着主人的衣物。背壶形器女俑（Hzn-169），塑造了一个健壮妇女形象，妇女臀部用力背起壶形器，绳索扭结，勒紧身体，容器里可能盛装着美酒。在其他北朝墓中亦不乏艺术创新之作，如贺拔昌墓的杂技俑、徐显秀墓的辫发骑俑、元邵墓的男童俑①均神态生动逼真，雕塑细致入微，极富有艺术感染力和生活气息。明器作坊的工匠们在日常繁重而单调的大批量陶俑制作的同时，并未丧失对生活的观察能力和艺术创作灵感，一些生动的泥塑作品时不时地出现在陶俑阵列中，展现了工匠高超的雕塑技艺和艺术感悟力，给观者以赏心悦目的感觉。

（四）陶俑的体态特征

陶俑作为主要随葬品，分站立俑和骑马俑，以站立俑为主，立俑中又以武士俑数量居多。立俑手作执物状，服装厚重，长襦宽裤，身体浑圆，头足粗钝，显得敦实有力；骑马俑上身摆出各种姿势，显得生动活泼，富有生活气息，俑厚衣蔽体，下着窄裤，臀部肥大，腿足短小，完全不同于立俑侧面宽、正面稍窄的腿部特征。韩祖念墓武士俑包括镇墓武士俑，身体为笔直站立状，侧面观之，个别俑由于腰部系带，肚腹有微小幅度的前凸迹象。

太原地区发现的北齐墓葬中，有些陶俑肚腹挺出幅度较大，如贺拔昌墓、库狄业墓、徐显秀墓的镇墓俑；张海翼墓的 3 种武士俑，后仰程度很大，身似弯弓，头背后仰，小腿前倾，肚腹突出，大有失去重心之感。这种站立身形有可能是受到北齐佛教石刻造像④的影响，或者是感悟于佛教婀娜多姿的飞天造型，亦或是泥塑匠人创新思维的表达。北周陶俑身形似乎也有类似情况，如宁夏固原北周李贤夫妇墓⑤出土的文吏俑、武官俑、胡俑和风帽俑，身体实心，背

---

① 笔者认为"晋阳样式"是一个系统的概念，就俑的样貌而言，不止在于面部特征，还应包括俑身体的其他变化，如太原北齐陶俑体量适中，比之河南、河北要丰硕一些，比之大同地区则要清秀一些，而比之宁夏陕西地区的西魏北周陶俑，则显得精致细腻，更富美感；再如服饰而言，太原俑着装与周边地区比较，简明利落，褶纹简化，不显拖沓。而最为明显者则是袴的变化，膝部呈圆箍状，已经使人感受到某种抽象的和格式化的运用。

② 山西省考古研究所：《太原沙沟隋代斛律彻墓》，科学出版社，2017 年。

① 洛阳市博物馆：《洛阳市北魏元邵墓》，《考古》1973 年第 4 期。

④ 太原、榆社等地的北齐石刻造像，有些造像身披璎珞，肚腹向前突起，姿态优美。

⑤ 宁夏回族自治区博物馆、宁夏固原博物馆：《宁夏固原北周李贤夫妇墓发掘简报》，《文物》1985 年第 11 期。

部扁平，俑体头足之间整体向后平直状倾斜，为保持身体重心平稳，只在脚腕部位向后陡峭弯折起，其身体歪斜幅度之大，令人惊叹。众所周知，西北地区和太原地区同期陶俑制作风格迥异，精细程度大相径庭，但是从此种颇具特色的俑体站姿，可以看出不同地域陶俑作坊之间的相互影响以及对某种优美体态不约而同地效仿（表四）。

表四　太原地区出土北齐武士俑列表

| 贺拔昌墓 | 贺娄悦墓 | 库狄业墓 | 徐显秀墓 | 张海翼墓 |
| 娄睿墓 | 韩祖念墓 | | | |

（五）陶俑的体量大小

　　对太原地区北齐墓葬出土同类俑进行了比较（表五），可以看出，韩祖念墓随葬陶俑体量并不大，其中的镇墓武士俑、铠甲武士俑及持盾武士俑等都明显小于其他墓葬同类俑。娄睿墓和徐显秀墓出土的镇墓武士俑、三棱风帽俑、铠甲俑及持盾俑等体量均较大。通常，墓葬中随葬陶俑的数量多少、体量大小决定于墓主身份地位之高低，但太原地区发现的北齐墓葬，除娄睿墓和徐显秀墓外，其他各墓随葬俑体量都无法根据墓主身份标准来做相互之间的比较。表五中，俑体身高数据参差不齐，或高或低，不具有可比性。这些陶俑相较于韩祖念墓，除贺拔昌墓和太原西南郊北齐洞室墓外，各种陶俑的身高数值均高于韩祖念墓，而这些墓葬的墓主身份地位又远不及韩祖念，这种不合常规的现象说明韩祖念墓随葬陶俑有其自身的独特之处。

表五　太原地区出土部分北齐陶俑身高比较

编号	墓葬	帝王纪年	出土陶立俑身高举例（厘米）					备注
			镇墓武士俑	三棱风帽俑	侍女俑	铠甲俑	持盾俑等	
1	贺拔昌墓	天保四年（553年）	32.5	22.5	22		背盾俑21.5	
2	太原西南郊北齐洞室墓	天保六年（555年）	41				披氅武士俑21.5，持盾武士俑20.5，垂袖男侍俑20.5，持物男侍俑21	侯莫陈墓
3	贺娄悦墓	皇建元年（560年）	46	25.5		24△	披氅武士俑26.2	△简报称：武士俑
4	库狄迴洛墓	河清元年（562年）	58	31.4△、27.5△	27		佩刀武士俑31.6，负盾武士俑29.2，翻衽侍卫男俑31	△简报称：披氅侍卫男俑△简报称：袒肩侍卫男俑
5	狄湛墓	河清三年（564年）		29.5		28.1△	执盾俑26.9，背盾俑27.7	△简报称：盔甲俑
6	张海翼墓	天统元年（565年）	55.8	27.8△	19.6	27	持盾俑25.4，仪仗俑A型26.8、B型28	△简报称：仪仗俑△简报称：甲士俑
7	库狄业墓	天统三年（567年）	51.6	27.5△		27.3	持盾俑A型27、B型22.4，圆顶风帽俑23.2	△简报称：披氅侍卫男俑
8	韩祖念墓	天统四年（568年）	47.2	27.9	19.2	24.4	执盾武士俑A型23.5、B型22.5，垂臂执物武士俑A型22.8、B型21.7，曲臂武士俑23.4	
9	娄睿墓	武平元年（570年）	64.4	25.5	19.5	27.3△	执盾武士俑26，执物武士俑26	△简报称：甲衣武士俑
10	徐显秀墓	武平二年（571年）	58	53、24.5、25	18.5	27	持盾俑A型27.5、B型24，武士俑26	
11	太原南郊北齐壁画墓	北齐后期	52.4	27.6、27.8△		26.6△	持盾俑25.8，武士俑24.8	△简报称：仪仗俑、击鼓俑△简报称：甲士俑

（六）陶俑的冠帽服饰

1. 冠帽和发式

　　韩祖念墓陶俑所戴头盔有兜鍪，冠有小冠、笼冠两种，帽有圆顶折角帽、翻耳扇圆顶风帽、三棱风帽、圆顶卷沿风帽、黑色缚带平顶帽、黑色缚带圆顶帽六种。女俑发式为月牙髻和双螺髻。

　　翻耳扇圆顶风帽，执盾武士俑B型（Hzn-30）、曲臂武士俑（Hzn-129）戴此种帽（图五、图九），太原地区以往出土的北齐墓葬陶俑中也出现过此种帽式。

　　缚带帽，垂臂执物武士俑A型（Hzn-85）戴黑色缚带平顶帽（图七）；垂臂执物武士俑B型（Hzn-113）戴黑色缚带圆顶帽（图八），此种帽所用材质为较厚的毡料，缚带在前额和脑后打结后，端头平齐保留较长。

这两种帽式是太原以往发现的北齐墓葬中所未曾见到的，但是在太原地区隋代墓葬中发现有类似帽式，如隋代斛律彻墓出土的黑色幞头仪仗立俑的帽式[1]即为此类。

河南卫辉市大司马村隋唐乞扶令和夫妇墓出土的 B 型陶仪卫骑俑、A 型陶幞头俑、B 型陶幞头俑、C 型陶幞头俑，简报中描述道："头束幞巾，交结于额前、脑后"[2]。此类幞头巾材质轻薄，顶部虽然仍保留着船形外底面形制，但额前、脑后的交结带头变成柳叶尖头状，且长度大为缩短（图五〇[3]）。

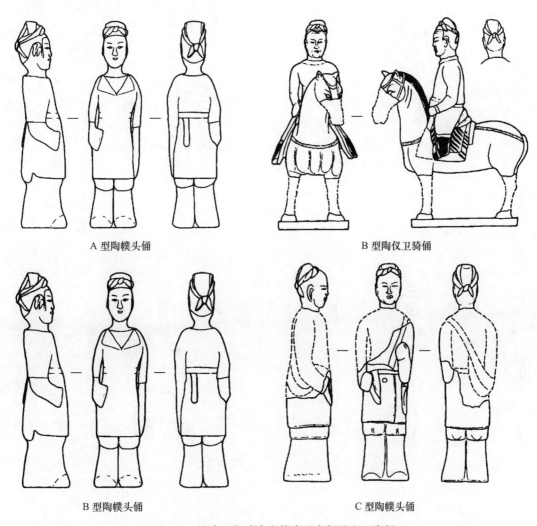

A 型陶幞头俑　　　　　　　　　　　　B 型陶仪卫骑俑

B 型陶幞头俑　　　　　　　　　　　　C 型陶幞头俑

图五〇　河南卫辉隋唐乞扶令和夫妇墓出土陶俑

这种所谓的幞头，与韩祖念墓上述 2 种缚带帽对比，后者除了材质较薄、前后垂带稍短外，

---

① 山西省考古研究所：《太原沙沟隋代斛律彻墓》，科学出版社，2017 年，第 61 页。

② 河南大学考古学系、河南省文物局南水北调文物保护办公室：《河南卫辉市大司马村隋唐乞扶令和夫妇墓》，《考古》2015 年第 2 期。

③ 河南大学考古学系、河南省文物局南水北调文物保护办公室：《河南卫辉市大司马村隋唐乞扶令和夫妇墓》，《考古》2015 年第 2 期。

形制十分近似。孙机先生在《中国古舆服论丛》中专文论述了鲜卑帽至幞头、幞头至头巾的演变过程，图五一、图五二^①为其论述鲜卑帽向幞头演变的举例。目前的考古发现中，还未见到北周幞头实物，但北齐韩祖念墓出土的这一颇具幞头原始形制的毡质缚带帽，可以作为探寻幞头渊源的珍贵资料，为研究鲜卑帽向幞头过渡以及幞头的自身演变发展提供了新的实物证据。

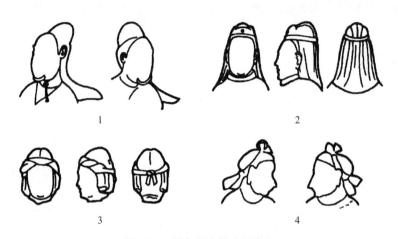

图五一　鲜卑帽向幞头的演变

（上：长帽　下：长帽的扎起，已向幞头过渡）

1. 太原北齐娄睿墓壁画　2、3. 河北吴桥北齐墓出土陶俑　4. 太原隋虞弘墓石椁浮雕

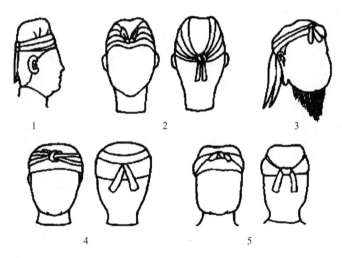

图五二　隋代幞头

1. 湖北武汉周家大湾隋墓出土陶俑　2. 陕西三原隋李和墓出土陶俑　3. 莫高窟第281窟隋代壁画
4. 湖南湘阴隋墓出土陶俑　5. 湖北武汉东湖隋墓出土陶俑

2. 服饰

陶俑上身着铠甲、长襦、裲裆、大氅、披膊、短衣、半袖衫，腰系黑色带，下穿大口裤或袴、曳地长裙，足蹬圆头鞋；骑马俑下穿窄腿窄口裤。外衣右衽、左衽，领部有交领、圆领或翻领的变化，有的领襟戳出细密的小针尖状圆点，表示动物皮毛的效果，袖有广袖、窄短袖、

---

① 孙机：《中国古舆服论丛》，上海古籍出版社，2013年。

窄长袖之分，服色有褐、红、黑、黄等色彩。内衣一般为白色、橘黄色，有的内衣下摆长出外衣，露出部分衣褶，犹如连绵的花叶，具有立体装饰效果。侍女俑身穿裙装，上衣短小，腰部以上束带，裙摆宽长。

这里值得一提的是袴的形制，大同、山东、河南、河北以至陕西地区，同期着袴俑的腿部极其拖沓，衣纹褶皱十分繁复，宽腿袴穿在腿上，由于膝部被束缚一周（有的简报称缚裤），形成大量皱褶，膝关节部位的衣纹褶皱有的表现为纵横交错的阴刻线纹，有的鼓起下拖至小腿部形成大灯笼状圆鼓包，两种表现形式都使得俑体重心下沉，身形矮短，繁缛的衣纹表现可能是受到汉画像石和两晋绘画风格的影响。太原地区出土的绝大部分北齐着袴武士俑[①]，肥硕臃肿的袴腿膝部形制已经为简单的圆箍状取代，这一突出变化使得太原北齐陶俑挺拔干练，清爽利落。韩祖念墓陶俑着裤装俑占到大多数，只有镇墓武士俑和文吏俑下身着袴，且袴装形制如上所述简单明了，完全没有拖沓之感。

（七）陶俑的制作工艺

陶俑、动物陶塑、陶器胎质有泥质灰胎和红胎2种，而以灰胎数量为多。灰胎胎体的特点是胎质纯净、紧实，胎体表面平整光滑，呈青灰色；而泥质红胎，胎料颗粒较大，杂质较多，个别红胎还有夹砂现象，泥质红胎陶俑由于在墓内长期存放，胎料红色外沁，与俑体表面色料混杂，使俑表原色受损，污斑点点。

韩祖念墓的陶俑和动物陶塑陶体中空，一般为两半部分分模制成，两半泥坯之间有粘合痕迹，个别残俑体内，可见到手指按压痕和捏痕。可见模制是制作人俑和动物陶塑的重要手段，主要有前后范模、左右范模，如陶俑使用前后模，骑马俑、马体、镇墓兽等使用左右模。制作者分别在两半范模中铺入约0.6～1厘米厚的长宽适宜的泥片，泥片厚度不一，主要与陶体大小有关，较大的俑使用泥片较厚。泥片铺入后，制作者需要用手指反复按压泥片，使泥片与范模完全贴合，再将载有泥坯的前后或左右范模合并，泥坯遂粘接为一个整体。剥离范模后，对陶体表面进行修整、抿缝、刷泥水，完整胎体成型。胎体完成后，再入窑烧制。也有个别简单的器物，只用单侧范模制成，如陶猪、陶狗等。坚硬的灰胎、酥软的红胎，大部分都能烧制通透，使内外胎色保持一致，但我们观察到，其中也有一小部分俑塑，胎体由内而外分作三层，原因是胎内心没有完全烧透，呈现出红色或黑灰色，产生了烧制过程的夹生现象。分析其中原因，可能是由窑炉温度不均匀造成。出窑后的陶俑、动物陶塑和陶器，需要进行表面设色。先在器物表面施以白色料层，再在白色料层上施彩绘，不同部位设色考究，犹如绘画。

河北磁县东魏茹茹公主墓出土陶俑胎分灰色和红色2种。俑头与俑身分别模制后插合。俑的外表先敷一层很薄的白彩，然后彩绘服饰[②]。河北赞皇东魏李希宗墓陶俑的陶胎有灰色和

---

① 太原早期北齐墓还保留着河南、河北地区的肿腿袴作法，虽然有所简略，但形制依然。如贺拔昌墓出土的镇墓武士俑、张海翼墓出土的武士俑。

② 磁县文化馆：《河北磁县东魏茹茹公主墓发掘简报》，《文物》1984年第4期。

红色两种，全部施以白色料打底，其上施以彩绘，俑身模制中空，与头分制插合而成[①]。河南安阳北齐范粹墓出土陶俑用红、灰陶土合模制成，腹中空成筒状，接缝处尚留有明显痕迹[②]。陕西咸阳西魏侯义墓出土陶俑胎均为青灰色，通身用两半模合模制成[③]。宁夏固原北周李贤夫妇墓出土陶俑胎均为青灰色，俑头部和身体用半模一次制成[④]。以上几座出自河北、河南和陕西的北朝墓葬，陶俑或为整体半模制作；或为身体、头部分别半模制作，再行插合。韩祖念墓陶俑并用以上两种方法，如执盾武士俑使用半模制做，而侍女俑则是身、头分别半模制成后再将颈部插入躯体内。另外，对于复杂的马和骑马俑，细部如马耳、尾、乐器等在马体和俑体分别半模制作的基础上，个别细部构件单独制成再组装成一个整体。这些复杂工艺与河北磁县湾漳北朝壁画墓[⑤]的陶俑制作方法如出一辙，应该是当时先进的陶作技艺。细碎复杂的工艺在北齐时期日渐成熟并在陪都晋阳和首都邺城地区首先得到使用，并逐渐传入中原其他地方，对隋唐陶瓷俑的制作产生重要的影响。

（八）数量众多的陶质器具

韩祖念墓出土的陶质文物共计 315 件，在太原地区已经发掘的 18 座北齐墓葬中，其数量和种类仅次于娄睿墓、徐显秀墓，这些随葬品制作精细、文化内涵丰富，是研究北齐时期陶制品艺术风格、时代特征、制作工艺以及形制演变发展等课题不可多得的资料。表六中 18 座太原地区的北齐墓葬按年代顺序排列，可以看出，早期墓葬的庖厨器类型较丰富，碓、磨、厕、灶、瓶、壶、罐等应有尽有，较晚期墓葬中，包括韩祖念墓、徐显秀墓等，庖厨器逐渐式微，取而代之的是数量庞大的碗、罐、瓶等，种类的简单和单品数量的增多似乎是变化的方向，但考虑到太原周边地区，如河北、河南北朝墓葬庖厨器依然流行，以及太原地区隋唐墓葬庖厨器依然流行的状况，有关太原北齐墓葬庖厨器种类及数量的变化还需慎重观察。

综上所述，韩祖念墓的随葬陶俑与太原出土的北齐墓葬陶俑比较，表现出一些独特之处：绝大多数体量较小，身形挺直，其中的铠甲武士俑、带缚带帽垂臂执物武士俑具有隋代陶俑特征；墓室内的文官俑、笼冠俑和执盾武士俑则保留着北齐陶俑特色，他们身形较大，体态沉稳，面相长圆，与娄睿墓、徐显秀墓出土的同类俑如出一辙；"门前"出土的陶俑残片，陶体线条浑圆，也保留着太原地区北齐俑风格。所以韩祖念墓出土陶俑既有北齐陶俑，同时也有为数不少的隋代陶俑，这可能与韩祖念夫人下葬于隋代有直接关系。

对韩祖念墓出土陶俑，以及该墓出土的其他质地文物如铜器、琉璃高足杯、银质下颌托等，将是以后要重点开展研究的课题。

① 石家庄地区革委会文化局文物发掘组：《河北赞皇东魏李希宗墓》，《考古》1977 年第 6 期。
② 河南省博物馆：《河南安阳北齐范粹墓发掘简报》，《文物》1972 年第 1 期。
③ 咸阳市文管会、咸阳市博物馆：《咸阳胡家沟西魏侯义墓清理简报》，《文物》1987 年第 12 期。
④ 宁夏回族自治区博物馆、宁夏固原博物馆：《宁夏固原北周李贤夫妇墓发掘简报》，《文物》1985 年第 11 期。
⑤ 中国社会科学院考古研究所、河北省文物研究所：《磁县湾漳北朝壁画墓》，科学出版社，2003 年。

表六　太原地区北齐墓葬随葬器物列表

墓葬名称	时代	墓主身份	随葬器物	庖厨器种类
贺拔昌墓	天保四年（553年）	北齐安定王贺拔仁之子，历任安东将军、亲信大都督、渭州刺史、征北将军等职	共44件。陶俑18、牲8、庖厨器8、金属器3，墓志1	陶井、磨、碓、厕、瓶、罐、盆
太原西南郊北齐洞室墓	天保六年（555年）	名侯莫陈，官至骠骑大将军、直合正都督	共计79件。陶俑39、镇墓兽2、牛车1、骆驼1、庖厨器33、铜镜1、铜钱1，墓志1	陶壶、瓶、壶、罐、碗
柳子辉墓	天保七年（556年）	代郡高柳人，平民	共计11件。陶庖厨器9，玉带钩1对，墓志1	陶罐、盆、井
张肃俗墓	天保十年（559年）	代郡平城人，平民	共计40余件。陶俑、动物陶塑、庖厨器若干，墓志1	陶灶、厕、碓、井、磨、碗、罐
太原西北外环公路85号墓	天保十年（559年）	官至骠骑大将军	共计16件。陶镇墓兽2、俑2、庖厨器11	陶灶、厕、磨、碓、井、碗、瓶、罐
贺娄悦墓	皇建元年（560年）	任明威将军、卫大将军等职	共计33件。陶俑32，墓志1	无
库狄迴洛墓	河清元年（562年）	朔州人，历任离石大都督、岢岚领民都督、黑水领民都督、肆州刺史等职	共300多件。鎏金铜器60余件，铁剑、锄等若干，釉陶器33，陶俑120余件	釉陶盘、碗、杯
刘贵墓	河清二年（563年）	官至东夏州刺史，死后追为仪同三司、郑州骠骑大将军	陶俑、庖厨器若干	陶瓶、碗
狄湛墓	河清三年（564年）	任白马领民都督、泾州刺史、车骑将军等职	共计40件。陶俑、仓、碗，墓志	陶仓、碗
张海翼墓	天统元年（565年）	封长安候，任相府参军、中书舍人、冠军将军等职	共计56件。陶俑42、牲4、庖厨器若干，瓷器5，铜镜1，铜钱1，墓志1	陶瓶、壶
韩裔墓	天统三年（567年）	曾任骠骑大将军、青州刺史等职	共145件。陶俑121、镇墓兽1、庖厨器若干，墓志1	陶灶、罐、碗、壶、盘、长颈瓶
库狄业墓	天统三年（567年）	封高平县开国子，任仪同三司、北尉少卿等职	出土文物140余件。计有陶俑、庖厨器、动物模型、铜釜，墓志等	陶壶、罐、碗、杯、盘
韩祖念墓	天统四年（568年）	封武功王，任开府仪同三司、建州刺史。皇建初年，又先后任司徒公、大将军、南云州刺史等职	共计约340件。陶俑、庖厨器、陶器，青瓷器，铜器，玻璃器等。墓壁绘有壁画	陶碗、罐、壶、瓶、盘
娄睿墓	武平元年（570年）	封东安王，历任大将军、大司马、太傅、太师、并省尚书令等职	共计870余件。陶俑610、牲42、庖厨器16、陶器13，瓷器76，石刻17，其他类15，墓志1。墓壁绘有大型壁画	陶仓、碓、磨、灶、井、厕、罐、瓶、壶、碗、盘

续表

墓葬名称	时代	墓主身份	随葬器物	庖厨器种类
徐显秀墓	武平二年（571年）	封武安王，历任帐内大都督、骠骑大将军、金门郡开国公、宣州刺史，再任徐州刺史、司空、太尉等职	共计 550 余件。陶俑 320、镇墓兽 2，瓷器约 200，金戒指 1。墓壁绘有大型壁画	陶壶、盘、碗、罐
□憘墓	武平三年（572年）	平城人，东魏时任虎贲中郎将、亲信别将、车骑将军、右光禄大夫、骠骑大将军、亲信都督等，北齐时任大贤真备身正都督、仪同三司等	陶俑、石门残件、墓志等	无
太原西北外环路 93 号墓	建德二年（573年）	百姓	陶碗 4 件放置在墓葬四隅	陶碗
太原南郊北齐壁画墓	北齐后期	百姓	共计 64 件。陶俑 41、牲 8 等。墓壁绘有壁画	陶壶、瓶、罐、碗

二、出土铜器初步研究

韩祖念墓共出土铜器 20 件，其中多数为鎏金制品。在魏晋南北朝时期我国铜器式微的背景下，韩祖念墓出土较大数量的铜器是让人十分惊喜的。从目前掌握的资料看，魏晋南北朝时期，墓葬中随葬铜器的现象已经十分少见了，而随葬较大数量铜器的更是极为罕见。目前已知出土铜器数量较多的有：山西寿阳北齐库狄迴洛墓[①]，共出土鎏金铜器 70 余件，计有铜三足器 1 件、鐎 1 件、斗 1 件、瓶 3 件、唾壶 2 件、高足杯 1 件、盒 1 件、碗 1 件、龙首 4 件、铜钩 2 件、响铃 4 件、铜饰 53 件；湖北当阳长坂坡一号墓[②]，共出土铜瓶 1 件、盆 1 件、唾壶 1 件、高足杯 1 件、熏 1 件；河北景县北朝封魔奴墓[③]，出土铜瓶 2 件、釜 1 件、洗 1 件、托杯 2 件、盘 1 件、香熏 1 件、鐎斗 1 件、器座 1 件、镜 1 件等。因此，韩祖念墓出土如此数量的铜器弥足珍贵。

（一）器物造型与组合

（1）与韩祖念墓出土铜器造型相类似的墓葬为山西寿阳北齐库狄迴洛墓（562 年），韩祖念墓中出土的鎏金铜高足杯、鎏金铜碗、鎏金铜唾壶、鎏金铜盘口壶、鎏金铜盒、铜铃等皆与北齐库狄迴洛墓出土的铜器造型相同，只是尺寸略有出入。

（2）韩祖念墓出土的铜井、鎏金铜弦纹仓、鎏金铜盒等器物与汉代墓葬出土的同类陶器

---

① 王克林：《北齐库狄迴洛墓》，《考古学报》1979 年第 3 期。

② 宜昌地区考古队：《当阳长坂坡一号墓发掘简报》，《江汉考古》1983 年第 1 期。

③ 张季：《河北景县封氏墓群调查记》，《考古通讯》1957 年第 3 期。

相似；鎏金铜盘口壶、长颈铜瓶则与北朝墓葬出土的陶壶相似，而鎏金铜唾壶、鎏金铜小鐎斗等器物又与六朝墓葬出土的同类瓷器相似。因此，韩祖念墓中出土的铜器既有汉代的文化因素，又有魏晋南北朝时期文化因素，可以看出韩祖念墓出土的铜器具有汉代向魏晋南北朝过渡的特点。此外，韩祖念墓中出土的琉璃高足杯、铜铃等器物，又折射出外来文明对中原文化的影响。

（3）这一时期墓葬出土铜器较少，而铜器器型又源于这一时期的陶瓷器随葬品，因此从东魏北齐两个重要政治中心晋阳（太原）、邺城以及西魏北周政治中心长安（西安）地区该时期墓葬随葬的器类组合入手（表七～表九），可以探讨太原地区该时期墓葬的随葬器物组合的特征。通过分析我们可以看到，这一时期不论在晋阳、邺城地区还是在长安地区，墓葬中普遍流行罐、瓶、碗、壶的器物组合。值得注意的是，出土鸡首壶和灯的墓葬等级都较高。韩祖念墓出土的铜器除了符合这一阶段主流器物组合中的罐、瓶、碗、壶等外，还有不多见的鎏金铜烛台。甚至一些模型明器如井、仓也为铜器，足见墓主人身份之高贵。

（4）尽管出土的相关器物组合存在一定的共性，但是各地区还有一些自身的特色。从表七～表九中可以看出，太原地区北齐墓出土的主要器型有罐、瓶、盆、壶、碗、盒、灯、尊、盘等。其中碗、罐、瓶、壶、盘、盒在墓葬中出现的比例最高，为常见器物组合。邺城地区东魏墓流行罐、瓶、碗的组合，到北齐时期，瓶的出现较少，盘的出现增多。西安地区西魏北周墓葬随葬器物组合规律不甚明显，但仍可看出罐、壶、碗出现频率较高。

（5）韩祖念墓还出土一件铜镜。徐苹芳先生曾对魏晋南北朝的铜镜进行过专门论述[①]，指出这一时期北方多处于分裂局面，铜料匮乏，铜镜制造业不发达，能见到的铜镜正如韩祖念墓所出一样，尺寸小、镜体薄，纹饰简单。

表七　太原地区北齐墓葬随葬器类组合（不包括俑类）

墓葬年代 \ 器物		罐	瓶	盆	壶				碗	盒	灯（烛台）	钵	尊	盘	瓮	盂	杯	碟	盏
					鸡首壶	扁壶	普通壶	唾壶											
贺拔昌墓[②]	天保四年（553年）	√	√	√															
侯莫陈墓[③]	天保六年（555年）	√	√							√	√	√								
开化村北齐洞室墓[④]	天保十年（559年）	√	√							√										
库狄迴洛墓[⑤]	河清元年（562年）	√							鎏金铜唾壶	√	√		√	√	√	√				

① 徐苹芳：《三国两晋南北朝的铜镜》，《考古》1984年第6期。
② 太原市文物考古研究所：《太原北齐贺拔昌墓》，《文物》2003年第3期。
③ 商彤流：《太原西南郊北齐洞室墓》，《文物》2004年第6期。
④ 商彤流：《太原开化村北齐洞室墓发掘简报》，《考古与文物》2006年第2期。
⑤ 王克林：《北齐库狄迴洛墓》，《考古学报》1979年第3期。

续表

墓葬年代 \ 器物		罐	瓶	盆	壶				碗	盒	灯（烛台）	钵	尊	盘	瓮	盂	杯	碟	盏
					鸡首壶	扁壶	普通壶	唾壶											
张海翼墓①	天统元年（565年）		√				√		√										
韩裔墓②	天统三年（567年）				√			√	√				√						
库狄业墓③	天统三年（567年）	√	√		√				√	√				√			√	√	
韩祖念墓④	天统四年（568年）		√				√		√		√					√	√		√
娄睿墓⑤	武平元年（570年）	√	√		√	√	√		√	√	√			√	√	√	√		√
徐显秀墓⑥	武平二年（571年）	√			√			√	√					√	√				√

表八　邺城周边地区东魏北齐墓葬随葬器类组合（不包括俑类）

墓葬年代 \ 器物		罐	瓶	盆	壶				碗	盒	灯	钵	尊	盘	瓮	盂	杯	碟	盏
					鸡首壶	扁壶	普通壶	唾壶											
高雅夫妇墓⑦	东魏天平四年（537年）	√	√						√										
李希宗墓⑧	东魏兴和二年（540年）										√								
磁县东陈村墓⑨	东魏武定五年（547年）	√	√						√										
高长命墓⑩	东魏武定五年（547年）								√	√			√						
茹茹公主墓⑪	东魏武定八年（550年）	√	√	√					√		√	√		√			√		
湾漳大墓⑫	北齐（559年左右）	√			√		√												

---

① 李爱国：《太原北齐张海翼墓》，《文物》2003年第10期。

② 陶正刚：《山西祁县白圭北齐韩裔墓》，《文物》1975年第4期。

③ 太原市文物考古研究所：《太原北齐库狄业墓》，《文物》2003年第3期。

④ 该墓中统计资料为铜器。

⑤ 山西省考古研究所、太原市文物考古研究所：《北齐东安王娄睿墓》，文物出版社，2006年。

⑥ 山西省考古研究所、太原市文物考古研究所：《太原北齐徐显秀墓发掘简报》，《文物》2003年第10期。

⑦ 何直刚：《河北景县北魏高氏墓发掘简报》，《文物》1979年第3期。

⑧ 李晋栓：《河北赞皇东魏李希宗墓》，《考古》1977年第6期。

⑨ 磁县文化馆：《河北磁县东陈村东魏墓》，《考古》1977年第6期。

⑩ 何直刚：《河北景县北魏高氏墓发掘简报》，《文物》1979年第3期。

⑪ 朱全升：《河北磁县东魏茹茹公主墓发掘简报》，《文物》1984年第4期。

⑫ 中国社会科学院考古研究所、河北省文物研究所：《磁县湾漳北朝壁画墓》，科学出版社，2003年。

续表

器物 / 墓葬年代		罐	瓶	盆	鸡首壶	扁壶	普通壶	唾壶	碗	盒	灯	钵	尊	盘	瓮	盂	杯	碟	盏
					壶														
元良墓①	北齐天保四年（553年）	√							√					√					
崔昂墓②	北齐天统二年（566年）	√						√	√										
尧峻墓③	北齐天统二年（566年）	√												√					
高润墓④	北齐武平七年（576年）	√			√	√	√		√		√			√					
封氏墓⑤	北齐	√	√				√		√				√	√			√		

表九　西安地区西魏北周墓葬随葬器类组合（不包括俑类）

器物 / 墓葬年代		罐	瓶	盆	鸡首壶	扁壶	普通壶	唾壶	碗	盒	灯	钵	尊	盘	瓮	盂	杯	碟	盏
					壶														
咸阳胡家沟侯义墓⑥	西魏大统十年（544年）						√		√					√					
西安韦曲高望堆西魏墓⑦	西魏初年	√					√												
西安南郊北魏北周墓M3⑧	北周		√						√			√							
独孤宾墓⑨	北周天和七年（572年）																	√	
莫仁诞墓⑩	北周建德六年（577年）											√							
宇文俭墓⑪	北周建德七年（578年）	√						√											

① 张子英：《河北磁县北齐元良墓》，《考古》1997 年第 3 期。

② 唐云明：《河北平山北齐崔昂墓调查报告》，《文物》1973 年第 11 期。

③ 朱全升：《河北磁县东陈村北齐尧峻墓》，《文物》1984 年第 4 期。

④ 磁县文化馆：《河北磁县北齐高润墓》，《文物》1979 年第 3 期。

⑤ 张季：《河北景县封氏墓群调查记》，《考古通讯》1957 年 3 期。

⑥ 孙德润：《咸阳市胡家沟西魏侯义墓清理简报》，《文物》1987 年第 12 期。

⑦ 张全民：《西安韦曲高望堆北朝墓发掘简报》，《文物》2010 年第 9 期。

⑧ 王久刚：《西安南郊北魏北周墓发掘简报》，《文物》2009 年第 5 期。

⑨ 刘呆运：《北周独孤宾墓发掘简报》，《考古与文物》2011 年第 5 期。

⑩ 李明：《北周莫仁相、莫仁诞墓发掘简报》，《考古与文物》2012 年第 3 期。

⑪ 陕西省考古研究所：《北周宇文俭墓清理发掘简报》，《考古与文物》2012 年第 3 期。

续表

| 墓葬年代 | 器物 | 罐 | 瓶 | 盆 | 壶 | | | | 碗 | 盒 | 灯 | 钵 | 尊 | 盘 | 瓮 | 盂 | 杯 | 碟 | 盏 |
					鸡首壶	扁壶	普通壶	唾壶											
莫仁相墓[①]	北周建德七年（578年）	√	√	√							√								
史君墓[②]	北周大象二年（580年）											√								

（二）关于鎏金铜烛台

烛台至晚在东汉时期就已经出现，从东汉至南北朝时期，动物类和几何类烛台形制较为丰富，动物类烛台在东汉、三国、两晋时期存在时间较长，几何类烛台主要在南北朝时期出现。烛台最重要的部件是烛管，动物类烛台的烛管或内嵌于动物饰具之中，或隐藏于动物身体当中，即多以头顶开洞的方式，容纳蜡烛；几何类烛台多通过束环固定蜡烛，单侧束环早于双侧束环[③]，河北曲阳发现的北魏孝明帝正光五年墓出土的烛台即是如此。此烛台圆形灯盘，盘中央置八角形空心灯柱，柱上端置2个左右对称的铜环，柱下端两侧各有一槽，嵌置两个左右对称的小圆碟作为烛托。设计精巧，使用时，蜡烛穿过铜环，可以同时点燃2支蜡烛，点燃后，蜡烛高度逐渐变短，小碟也逐渐上移，器形颇为特殊[④]。

韩祖念墓出的鎏金铜烛台，通过一立柱用以插蜡烛，烛签上有三片等距离的铜片。此形制在以往公布的两汉至南北朝时期的烛台资料中未见。不同时期烛管形制的差异，应当与不同时期对不同类别的蜡烛使用有关：粗短的管状口，主要存在于东汉、三国、两晋，可能因为这一时期纯蜡烛不易制作，主要使用熔点较低的蜂蜡，蜂蜡虽然常温下已凝固成型，但质地较软易塌化。上述河北曲阳出土的带有束环的烛台，也可能是为了固定不易直立的蜡烛。这说明从东汉一直到北魏，细长蜡烛的直立一直是个问题。韩祖念墓出土的鎏金铜烛台是北齐时期考虑到蜡烛直立和蜡液收集而设计的较为科学的一种烛台新形制。烛签上有三块铜片，便于收集燃烧之余的蜡液；而细长的立签，则便于使蜡烛直立。

（三）关于细颈瓶

韩祖念墓出土的铜器中有3件细颈瓶（Hzn-327、Hzn-335、Hzn-336），2件腹部呈纵椭圆形（Hzn-327、Hzn-336），1件腹部呈石榴形（Hzn-335）。这两类器型均流行于南北朝后期至隋唐。

---

① 李明：《北周莫仁相、莫仁诞墓发掘简报》，《考古与文物》2012年第3期。
② 杨军凯：《西安北周凉州萨保史君墓发掘简报》，《文物》2005年第3期。
③ 苏晓威：《东汉至南北朝时期陶瓷烛台的类型学分析》，《中国国家博物馆馆刊》2016年第5期。
④ 郑绍宗：《河北曲阳发现北魏墓》，《考古》1972年第5期。

　　椭圆形腹细颈瓶目前已知 11 件，其中铜瓶 5 件、陶瓷瓶 6 件。铜瓶包括素面瓶 4 件①、鎏金瓶 1 件②，在不加瓶盖情况下高约 14～16 厘米。陶瓷瓶包括青瓷瓶 1 件③、白瓷瓶 3 件④、三彩釉陶瓶 1 件⑤、绿釉陶瓶 1 件⑥，高 14～28 厘米（图五三）。在这些材料中，只有洛阳龙门啤酒厂出土唐代白瓷瓶略显粗壮，其余多比较修长，说明自南北朝至隋唐，铜质与陶瓷质的椭圆形腹细颈瓶器型没有明显变化，一直因循固有形制相继制作。值得注意的是，这类细颈瓶仅长沙烂泥冲南齐永元元年（499 年）墓出土青瓷瓶为南朝制品，其余北朝诸瓶，形态基本一致。限于资料，关于南北朝时期南方与北方椭圆形腹细颈瓶的相互关系的探讨，还有待考古材料的进一步积累。

　　上述椭圆形腹细颈瓶大多可明确持有者身份，4 件铜瓶均出土于高级贵族墓葬：景县北魏正光二年（521 年）墓墓主人封魔奴为冀州刺史，曲阳北魏正光五年（524 年）墓墓主人高氏为营州刺史韩贿之妻，平山北齐天统二年至隋开皇八年（566～588 年）合葬墓墓主人崔昂为赠赵州刺史，寿阳北齐太宁二年（562 年）墓墓主人库狄迴洛为赠定州刺史。1 件白瓷瓶出土于西安隋唐之际（610～622 年）丰宁公主与韦圆照合葬墓。1 件绿釉陶瓶出土于巩义唐开元二十年（732 年）明威将军（从四品下）郭神鼎墓。而韩祖念为齐司徒公、大将军、武功王。由此可见，随葬椭圆形腹细颈瓶的墓主，一种为刺史级地方大员或其家庭成员，另一种为皇亲国戚。而在已发掘的诸多南北朝隋唐低等贵族和平民墓葬中，鲜有此种器物出土。说明椭圆形腹细颈瓶是当时上流社会喜好之物。

　　椭圆形腹细颈瓶在墓葬中多仅随葬 1 件，个别墓葬还伴随出土 1 件石榴形腹细颈瓶。从现有的发现，并结合这些器物小巧的器形来看，此类器物当初很可能用于盛酒。

---

　　①　分别为景县安陵区北魏正光二年（521 年）封魔奴墓出土铜瓶，高 15.7 厘米，张季：《河北景县封氏墓群调查记》，《考古通讯》1957 年第 3 期；曲阳嘉峪村北魏正光五年（524 年）高氏墓出土铜瓶，高 14 厘米，郑绍宗：《河北曲阳发现北魏墓》，《考古》1972 年第 5 期；平山上三汲村北齐天统二年至隋开皇八年（566～588 年）崔昂夫妇墓出土铜瓶，高 14.5 厘米，唐云明：《河北平山北齐崔昂墓调查报告》，《文物》1973 年第 11 期；伦敦大英博物馆藏铜瓶，高 15.2 厘米，由 George Eumorfopoulos 处购得，编号：1936，1118.186。

　　②　寿阳贾家庄北齐太宁二年（562 年）库狄迴洛墓出土鎏金铜瓶，连盖通高 18.2 厘米，王克林：《北齐库狄迴洛墓》，《考古学报》1979 年第 3 期。

　　③　长沙烂泥冲南齐永元元年（499 年）墓出土青瓷瓶，高 27.5 厘米，湖南省文物管理委员会：《长沙烂泥冲齐代砖室墓清理简报》，《文物参考资料》1957 年第 12 期；高至喜：《长沙两晋南朝隋墓发掘报告》，《考古学报》1959 年第 3 期。

　　④　分别为西安隋唐之际（610～622 年）丰宁公主与韦圆照合葬墓出土白瓷瓶，高 25 厘米，赵庆钢、张志忠：《千年邢窑》，文物出版社，2007 年，第 60 页；芮城沟渠头村出土隋代前后白瓷瓶，高 24 厘米，石金鸣主编：《中国出土瓷器全集·山西》，科学出版社，2008 年，图 22；洛阳龙门啤酒厂出土唐代白瓷瓶，洛阳博物馆藏。

　　⑤　大英博物馆藏三彩釉陶瓶，高 24.6 厘米，由 George Eumorfopoulos 处购得，编号：1936，1012.210。

　　⑥　巩义芝田二电厂唐开元二十年（732 年）郭神鼎墓出土绿釉瓶，高 14 厘米，郑州市文物考古研究院：《巩义芝田唐墓发掘简报》，《文物春秋》2013 年第 2 期；郑州市文物考古研究所编：《巩义芝田晋唐墓葬》，科学出版社，2003 年，图版 21-4。

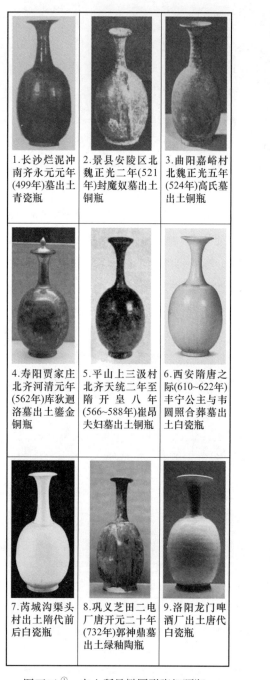

图五三^①　出土所见椭圆形腹细颈瓶

图五四^②　出土所见石榴形腹细颈瓶

　　石榴形腹细颈瓶，目前有确切资料的 19 件。其中，铜瓶 2 件，分别为景县安陵区北魏正光二年（521 年）封魔奴墓出土铜瓶^③和湖北宜昌博物馆藏铜瓶（具体信息不明）；瓷瓶中

　　① 李静杰、相宛升：《枣形腹、石榴形腹细颈瓶与梨形腹束颈瓶的谱系》，《故宫博物院院刊》2017 年第 1 期。

　　② 李静杰、相宛升：《枣形腹、石榴形腹细颈瓶与梨形腹束颈瓶的谱系》，《故宫博物院院刊》2017 年第 1 期。

　　③ 张季：《河北景县封氏墓群调查记》，《考古通讯》1957 年第 3 期。

白瓷瓶 10 件 ①、黑瓷瓶 3 件 ②、黄瓷瓶 1 件 ③、黄绿釉瓷瓶 1 件 ④，高度约在 10～25 厘米之间；釉陶瓶 2 件皆为三彩器 ⑤，高约 20 厘米（图五四）。

在此类细颈瓶中，10 件出土于邢台隋代邢窑遗址；4 件出土于信息明确的墓葬中。就这 4 件墓葬随葬品而言，1 件铜瓶出土于景县北魏正光二年（521 年）墓，墓主人封魔奴为冀州刺史；1 件黄绿瓷瓶出土于安阳北齐武平三年（572 年）墓，墓主人范粹为开府仪同三司（从一品）；1 件白瓷瓶出土于西安南郊隋大业四年（608 年）墓，据墓葬形制、规模及随葬品等推测，墓主人应为中高级官吏；1 件三彩陶瓶出土于郧县唐永淳二年（683 年）墓，墓主人为唐太宗之孙、新安郡王李徽及其妻阎婉。由此可见，石榴形腹细颈瓶持有者依然为刺史级地方大员或皇亲国戚。

有学者研究认为，南欧流行的椭圆形腹、石榴形腹细颈瓶，应与中国同类器物存在着渊源关系 ⑥。前文提到的椭圆形腹细颈瓶和石榴形腹细颈瓶在北朝后期墓葬随葬品以及隋代邢窑系窑口中，均有共存。在汉文化地区特定时空范围内，这两种器物的出现和流行，应是外来文化影响的结果。

（四）关于韩祖念墓出土的铜器制作工艺

仔细观察韩祖念墓出土的铜器，我们可以发现上述器物表面光滑精致，未见范线，推测其为失蜡法铸造而成的。铜器以素面为主，部分器物表面饰有简单弦纹。此外，由于韩祖念墓出土的鎏金铜器做工较为粗糙，铸造瑕疵较多，因此极有可能是专门用于随葬的明器。

出土的鎏金铜鐎斗，其器足与器身是分开铸造之后用铆钉铆接而成。另外，韩祖念墓出土的鎏金铜小鐎斗、鎏金铜熨斗的把柄与器身是分开的，仔细观察把柄端部以及小鐎斗、熨斗的

---

① 西安南郊隋大业四年（608 年）苏统师墓出土白瓷瓶，高 14.3 厘米，李岗：《西安南郊隋苏统师墓发掘简报》，《考古与文物》2010 年第 3 期；邢台顺德路窑址出土隋代白瓷瓶，高 11 厘米，赵庆钢、张志忠：《千年邢窑》，文物出版社，2007 年，第 64 页；陕县刘家渠出土唐代白瓷瓶，高 23.2 厘米，赵庆钢、张志忠：《千年邢窑》，文物出版社，2007 年，第 159 页；波士顿美术馆藏唐代白瓷瓶，高 18.9 厘米，编号：CAMIO:BMFA.26.67；唐代白瓷瓶，高 22 厘米，〔日〕后藤茂树：《世界陶瓷全集（隋唐）》，东京：小学馆，1976 年，图 109；其余 5 件高度分别为 13.1、10.5、9（残高）、23.4、11 厘米，河北省邢台市文物管理处：《邢台隋代邢窑》，科学出版社，2006 年，第 25、26、62 页，彩版 6。

② 邢台顺德路窑址出土隋代黑瓷瓶 3 件，高度分别为 24、24.3、13 厘米，河北省邢台市文物管理处：《邢台隋代邢窑》，科学出版社，2006 年，图版 39-2，彩版 8-1、8-2。

③ 邢窑出土隋代黄瓷瓶，高 24.8 厘米，赵庆钢、张志忠：《千年邢窑》，文物出版社，2007 年，第 51 页。

④ 安阳洪河屯村北齐武平三年（572 年）范粹墓出土黄绿釉瓷瓶，高 22 厘米，河南省博物馆：《河南安阳北齐范粹墓发掘简报》，《文物》1972 年第 1 期。

⑤ 印度尼西亚苏门答腊巴东高原出土三彩陶瓶，高 19.5 厘米，雅加达博物馆藏，编号：3389；〔日〕アブ・リ编著：《東洋陶磁 3·ジャカルタ国立博物館》，东京：讲谈社，1981 年，黑白图版 38；郧县城关镇唐永淳二年（683 年）新安郡王李徽墓出土三彩陶瓶，高 21.2 厘米，全锦云：《湖北郧县唐李徽、阎婉墓发掘简报》，《文物》1987 年第 8 期。

⑥ 李静杰、相宛升：《枣形腹、石榴形腹细颈瓶与梨形腹束颈瓶的谱系》，《故宫博物院院刊》2017 年第 1 期。

器身，未发现焊接痕迹，估计当时未焊接，或者虽然焊接，但焊接面积较小，经过地下长期腐蚀已无法看到焊接痕迹。

由此观之，韩祖念墓出土的铜器以失蜡法铸造而成，并用铆接或焊接工艺装接，采用鎏金工艺装饰。

三、壁画初步研究

目前为止，太原地区已经发现 40 余座北齐墓葬，其中砖室墓共计 11 座，这些砖室墓中有 8 座墓绘有壁画（表一〇）。勋贵娄睿[①]、徐显秀[②]以及具有王级身份的忻州九原岗壁画墓[③]墓主，这些人的墓葬壁画规模宏大，绘画面积达二三百平方米，绘有人物、马匹、三旒旗、羽葆、长矛、飞禽走兽等，内容丰富，极尽奢华地渲染出富丽堂皇的墓葬内庭气氛。库狄迴洛墓[④]虽然规模较小，但壁画绘制也是中规中矩，色彩艳丽，技法讲究，亦不失为大气之作。即便是墓室面积只有 6 平方米的太原南郊北齐壁画墓[⑤]，其壁画也是可圈可点之作。而具有王级身份的韩祖念墓壁画，其绘画内容、布局、技法等，与其他 7 座壁画墓比较起来，显得尤其逊色。

表一〇　太原地区发现的北齐壁画墓列表

墓葬	埋葬时间	墓室面积	壁画布局	墓道	绘画内容
徐显秀墓	571 年	42 平方米	单栏式	有壁画	坐帐、天象、神兽、仪仗图
娄睿墓	570 年	32 平方米	三栏式	有壁画	坐帐、天象、神兽、仪仗、商旅图
忻州九原岗北朝壁画墓	东魏北齐	34 平方米	四栏式	有壁画	天象、神兽、商旅和狩猎、仪仗图
库狄迴洛墓	562 年	28 平方米	单栏式	未发掘	墓室绘天象、四神，甬道绘仪仗图
太原南郊北齐壁画墓	北齐后期	6 平方米	分栏式	没有	坐帐、出行图
朔州水泉梁北齐壁画墓	北齐	20 平方米	分栏式	没有	坐帐、出行图
韩祖念墓	568 年	13 平方米	单栏式	没有	坐帐、出行图
北齐□憘墓	572 年	20 平方米左右		不清楚	仪仗图

（一）脆弱的地杖层

壁画地仗层是壁画的支撑体，除韩祖念墓以外的其他 7 座北齐墓葬，墓室均使用厚实的白灰泥层。白灰泥层自身整体粘结性好，与砖壁结合紧密，耐受力强，对颜料的吸附性好，这些特点对壁画的长久保存是一个十分有利的条件。众所周知，徐显秀墓墓室壁画保存完整，色彩艳丽，多受益于墓室内壁的白灰泥地杖，而该墓墓道和甬道的壁画，其地仗是在斜坡土壁表面

---

① 山西省考古研究所：《太原市北齐娄睿墓发掘简报》，《文物》1983 年第 10 期。

② 山西省考古研究所、太原市文物考古研究所：《太原北齐徐显秀墓发掘简报》，《文物》2003 年第 10 期。

③ 山西省考古研究所、忻州市文物管理处：《山西忻州市九原岗北朝壁画墓》，《考古》2015 年第 7 期。

④ 王克林：《北齐库狄迴洛墓》，《考古学报》1979 年第 3 期。

⑤ 山西省考古研究所：《太原南郊北齐壁画墓》，《文物》1990 年第 12 期。

刷一层极薄的白灰浆层稀薄的白浆水层极易受到各种不利因素侵扰，进而感染病害引起脱落。"皮之不存，毛将焉附"，壁画也极易随着白浆水层脱落，且随着时间的推移，脱落现象将会越来越严重。

韩祖念墓室砖券内壁，整体刷抹一层厚约 0.1 厘米的白灰水浆，是为壁画地仗层，这种地仗犹如薄纱一般覆盖在砖体表面，使得纵横砖缝历历在目。在这样的白浆水层上面绘出壁画，画面背景显得凌乱不堪，直接影响观赏效果。更大的危害在于壁画难以保存，现有的临摹画稿，画面砖线毕现、斑斑驳驳，北壁墓主人夫妇坐帐图，彩绘大片脱落，使人难以揣测到画面全貌。另外，未见到后室顶部壁画临摹稿，估计在墓葬发掘清理之际，顶壁的绘画已经所剩无几了。

韩祖念墓仅在后室绘制壁画，壁画地仗粗制滥造，砖灰色透出画面，使得壁画色彩灰暗，斑驳陆离。且不论画作品质如何，单就这一道工序就暴露出营建墓葬之际，未对壁画绘制工作予以重视。

（二）单栏式绘画布局

所谓单栏式是指壁画的纵向布局，上下浑然一体，没有设置间隔，如徐显秀墓壁画布局即为单栏式，各壁画面没有层位划分，均在同一水平线上横向延伸，从墓室到墓道如展开的长卷，这种单栏式布局结构使各壁画面有机的联系在一起，体现出更强的整体性。韩祖念墓壁画纵向正是采用单栏式布局。而娄睿墓壁画采用三栏式，忻州九原岗北朝墓壁画则采用四栏式布局。

韩祖念墓壁画横向布局设置分界，墓壁之间使用赭色宽带沿着砖壁四角向上延伸，以作为画面分界线，从而形成北、东、西、南四个壁面。太原地区发现的北齐壁画墓中，与韩祖念墓壁画布局相同的有太原南郊北齐墓和库狄迴洛墓。

（三）简化的绘画内容

太原地区北齐墓壁画的绘画主题相对固定统一，墓室壁画表现天上、仙界和凡间三个层次，主要描绘天象图、仙界图和宴居出行图。韩祖念墓壁画也是描绘这三个主题内容，只是与本地区其他壁画墓比较，绘画内容更加简化。

韩祖念墓壁画，四壁环绕莲花图，墓顶绘天象图。

北壁为墓主夫妇坐帐图，夫妇为正面形象，端坐正中，左右 3 个侍者，帷帐斜坡顶，两侧赭色立柱，后置屏风，帐子挽起，留白处绘莲花图（图版二、图版三）。与朔州水泉梁北齐壁画墓坐帐图"帷帐类似庑殿顶凉亭式样，前方两端各一根立柱，中间以类似额枋的构件横向相连。顶部正脊两端及立柱顶端有类似鸱吻的建筑构件"[1]相比，韩祖念墓坐帐图的帷帐结构着实要简单许多。

---

[1]　山西省考古研究所、山西博物院等：《山西朔州水泉梁北齐壁画墓发掘简报》，《文物》2010 年第 12 期。

西壁牛车出行图，4个仆从，均为侧面形象，面无表情，眼睛望向一侧（图版四、图版五）。

东壁鞍马回归图，5个仆从，一人反向侧望（图版五、图版六）。

南壁为墓门所在，两侧绘莲花、忍冬花图案（图版七）。

可以看出，主体画面为墓主夫妇坐帐、牛车出行、鞍马回归，这三个主要内容被画者安排在壁面的中心位置。其余大片的留白处只作程式化的填充，或填充仆从人物，或填充硕大无比的莲花，此外，再不见有其他的图案内容。一般北齐墓壁画所涉及的三旒旗、长矛、四神等，在该墓壁画中全然不见。

以徐显秀墓为例，壁画人物众多，各种物件齐备，极尽铺排，从而营造出热烈宏大的气氛。墓道两壁96人、4马形成了两大序列组合。从墓室东西两壁人马牛车分列，各壁内容前后相继，展现了盛大的宴乐出行场面，到甬道部分的侍卫门吏，再到墓道东西两壁的仪仗出行行列，整体由北向南发展，似为一个行进中行列，鞍马嘶鸣，旌旗迎风招展。娄睿墓和忻州九原岗北朝墓壁画亦能给观者带来相似的视觉体验。这三座墓葬壁画具有皇家风范，是高等级墓葬壁画的典型代表，也是邺城规制和丧葬礼仪的集中展示。

朔州水泉梁北齐壁画墓和库狄迴洛墓，壁画中天象图、四神图、坐帐图、出行图等，绘画内容也相对简化。这些已经简化了的绘画元素"在一定程度上说明了这些元素象征意义的固定化，有助于我们由简到繁来理清和诠释北朝时期高等级墓中类似的壁画题材"[①]。而韩祖念墓壁画在此基础上，所绘内容进一步简化，人物数量进一步减少，绘画中大量描绘莲花图以代表仙界，宴居和出行图中本该具有的长矛、三旒旗等仪杖用具也不见了，这种内容上的简化似乎也是北齐墓葬壁画发展的一个方向。

韩祖念墓壁画内容能简则简，壁画人物显得甚为潦草，寥寥数笔，线条生硬，人体比例失当，人物表情呆板，缺少变化，似乎只是墨线画出五官，并未做特殊的晕染处理。但牛车、鞍马，墨线描绘流畅自然，线条一气呵成，形象传神生动；牛、马表情稚拙可爱，色彩鲜艳，是此墓壁画最为精彩之处。

（四）新的壁画粉本代表

中国古代称画稿为粉本，与粉本相近的用词有画本、样本、摹写本（或称模本）。墓葬壁画必然有它所依托的母本。太原地区北齐墓葬壁画风格，娄睿墓和徐显秀墓当属一类，人物形体修长，面相长圆，身着长襦，腰系带，脚穿长靴。"邺城发现的高等级墓葬如茹茹公主墓、湾漳大墓，晋阳发现的徐显秀墓、娄睿墓等，均有庞大的鞍马人物出行场面，人物丰壮，画风简洁，尤其是徐显秀墓和娄睿墓的人物面相与《北齐校书图》中的人物一样，也是鹅蛋脸。显然这些壁画代表了南北朝后期张僧繇、杨子华的画风，有的皇室成员墓（如徐显秀墓、娄睿墓）甚至直接采用了宫廷画家杨子华的画作粉本。"[②]

① 山西省考古研究所、山西博物院：《山西朔州水泉梁北齐壁画墓发掘简报》，《文物》2010年第12期。

② 李梅田：《北朝墓室画像的区域性研究》，《故宫博物院院刊》2005年第3期。

北齐□憘墓[①]壁画人物高履袍服，属于另一种风格的绘画，多数学者认为与山东临朐北齐崔芬墓[②]壁画风格极为相似。而韩祖念墓壁画所表现出的人物面相、发型、服饰又有所不同，墓主面相宽短，仆从身材瘦弱娇小，额头饱满，圆目大鼻，发际线较高，多不戴帽，头发多贴在头顶和脑后，与山东青州傅家庄北齐线刻画像石的人物形象[①]较为接近。太原是北齐霸府所在，所谓"并州之太原，青州之齐郡，霸朝所在，王命是基"，周围地区文化在晋阳汇聚交流、融合发展，文化艺术空前繁荣。

韩祖念本人具有王级身份，墓葬随葬陶俑数百件，另有数十件精致的铜器、1件晶莹剔透的琉璃高足杯，这些随葬品制作工艺考究、形制精美，是不可多得的珍品。而该墓的墓室壁画却绘制在酥脆的白灰浆地仗层上，壁画内容简单，绘画线条生硬，所呈现的画面效果实在不能算是上乘之作，实在不能与韩祖念本人高贵的身份匹配，也无法与墓葬丰富的随葬品相匹配。

由此可见，人们在营建墓葬时，在规制允许的范围内，根据自己的喜好自由选择，如可以营建砖室墓，也可以挖掘土洞墓，可以在砖室墓中绘制壁画，也可以不作壁画。而对于壁画粉本的选择自然也存在诸多可能性。

四、墓志文释读

韩祖念，字师贤，昌黎郡龙城县人，生于北魏永平三年（510年），卒于北齐天统四年（568年）正月，年五十八，同年十一月廿九日葬于五泉山。1982年，韩祖念墓在太原市大井峪村被发现，该墓出土墓志（志盖阙），墓志长77.5、宽76厘米。志文为隶书，通篇方整肃穆，精谨端雅，笔势挺坚，特别以楷法作篆部首，更使结字别出心裁，可模可范。志文凡三十二行，行三十二字，后五行字数略多，计一千零二十八字。现将碑文释读如下：

　　王讳祖念，字师贤，昌黎郡龙城县人也。

韩祖念字师贤，《魏书》无传，但有零星记载见于《北史》《北齐书》与《资治通鉴》。《北史》："（天统二年）冬十月乙卯，以太保侯莫陈相为太傅；大司马、任城王湝为太保；太尉娄睿为大司马，徙冯翊王润为太尉，开府仪同三司韩祖念为司徒……（天统三年）秋八月辛未，太上皇帝诏以太保、任城王湝为太师，太尉、冯翊王润为大司马，太宰段韶为左丞相，太师贺拔仁为右丞相，太傅侯莫陈相为太宰，大司马娄睿为太傅，大将军斛律光为太保，司徒韩祖念为大将军，司空、赵郡王睿为太尉，尚书令、东平王俨为司徒。"[④]《北齐书》《资治通鉴》与《北史》略同。

---

① 位于太原市小店区龙堡村，太原市文物考古研究所2001年发掘。砖室墓，斜坡墓道，墓葬早期毁坏，残存局部壁画。根据墓志，墓主是武平三年（572年）十月葬于晋阳县皇陵城北。

② 山东省文物考古研究所、临朐县博物馆：《山东临朐北齐崔芬壁画墓》，《文物》2002年第4期。

① 青州市博物馆：《山东青州傅家庄北齐线刻画像石》，齐鲁书社，2014年。

④ 《北史·齐本纪》。

　　昌黎是韩氏的重要郡望，汉设昌黎郡，属辽东属国都尉，魏置郡①。《三国志·魏书·三少帝纪》："正始五年九月，鲜卑内附，置辽东属国，立昌黎县以居之。"昌黎"犄角范阳，襟带辽、碣"，是"内抚燕代，外怀群夷"的战略要地②，也是慕容鲜卑南下中原的必经之地。

　　元康四年（294 年）慕容廆率部落迁徙到昌黎大棘城。西晋永嘉之乱（308～311 年）爆发后，西晋无力顾及东北边境，慕容廆乘机控制了昌黎，从此昌黎成为慕容鲜卑政权的政治中心。在此期间，慕容鲜卑先后征服了周边的宇文、段部、慕舆、素连、木津、库莫奚等鲜卑部落，并将他们安置在昌黎及其周边地区，鲜卑各部开始在昌黎定居下来③。

　　《魏书·地形志》："昌黎郡，领县三，龙城（太平真君八年，并柳城、昌黎、棘城属焉）、广兴（太平真君八年，并徒何、永乐、燕昌属焉）、定荒（正光末置）。""北魏末年侨置南营州于定州英雄城，领昌黎、辽东等五郡，北齐时南营州只留昌黎一郡，领新昌、永乐二县。"④《隋书·地理志》："辽西郡（旧置营州，开皇初置总管府，大业初府废）统县一，户七百五十一。柳城（后魏置营州于和龙城，领建德、冀阳、昌黎、辽东、乐浪、营丘等郡，龙城、大兴、永乐、带方、定荒、石城、广都、阳武、襄平、新昌、平刚、柳城、富平等县。后齐唯留建德、冀阳二郡，永乐、带方、龙城、大兴等县，其余并废。开皇元年唯留建德一郡，龙城一县，其余并废。寻又废郡，改县为龙山，十八年改为柳城。大业初，置辽西郡）。"隋代的柳城县即包括北齐龙城县故地。另有出土于辽宁省朝阳市北郊狼山南坡的《韩暨墓志》云："君讳暨，字承伯，昌黎龙城人也……以隋大业八年岁次壬申十月丁未朔十五日辛酉，合葬于柳城县西北七里风神岗之南麓。"⑤因此，北齐时的龙城县应该就在隋代韩暨下葬的柳城县境内，即今日辽宁省朝阳市北郊一带。朝阳市设有龙城区，又有龙城之别称，可能就是源于北朝的龙城县。

　　　　灵源道于天地之初，懋祉□□云鸟之世。□/赢阐其瑶构，汉兴播其鸿绪。门积
　　人宝之隆，家传止爵之贵。邻彬竹素，可略而言。

　　北朝墓志多以讳、字开头，接以乡邑、族属等。关于族属，撰文者往往不去深究，或远溯上古，或攀龙附凤以抬高身世，或引经据典、泛泛而言。总之满是溢美之辞，且趋于程式，以至于"刘氏必曰斩蛇，董氏皆云豢龙，太原则多引子晋缑岭之事……亦复千篇一律"⑥。本段亦是溢美之辞。

　　云鸟之世：泛指炎黄时期传说时代。相传黄帝受命有云瑞，故以云纪事，百官师长皆以云为名号。少皞氏受命有凤鸟适至，故以鸟纪事，百官师长皆以鸟为名号⑦。后以"云鸟"指两个

　　① 《晋书·地理志》。

　　② 《读史方舆纪要》卷十八。

　　③ 黄河：《3～4 世纪昌黎鲜卑胡姓群体初探》，《东北史地》2010 年第 01 期。

　　④ 王仲荦：《北周地理志》，中华书局，1980 年，第 1002 页。

　　⑤ 罗新、叶炜：《新出魏晋南北朝墓志疏证》，中华书局，2005 年，第 601～603 页。

　　⑥ 叶昌炽、柯昌泗：《〈语石〉〈语石〉异同评》，中华书局，1994 年，第 230 页。

　　⑦ 《左传·昭公十七年》："昔者黄帝氏以云纪，故为云师而云名；炎帝氏以火纪，故为火师而火名；共工氏以水纪，故为水师而水名；大皞氏以龙纪，故为龙师而龙名。我高祖少皞挚之立也，凤鸟适至，故纪于鸟，为鸟师而鸟名。"

不同的朝代。北周武帝《大赦诏》："云鸟殊世，文质异时。"

懋：古同"茂"，盛大。

祉：福祉。

"□嬴阐其瑶构，汉兴播其鸿绪。"□与汉相对，应是汉前一朝代名，夏商周秦诸朝中周的可能性最大，而且"□"漫漶的上半部也与周字相同。这一句可能在暗示墓主人是三晋韩氏的后裔。

瑶轩绮构：华美的建筑物。唐王勃《临高台》："瑶轩绮构何崔嵬，銮歌凤吹清且哀。"

鸿绪：大统、王业。《后汉书·顺帝纪》："陛下践祚，奉遵鸿绪。"

门：家、家族。

"唐时埋幽文字，有一种相承衣钵。如世袭之后，辄云：'载在简牍，可略言焉。'即稍变其词，亦不过字句之间小有增损。"[1]北朝时，这一习惯就开始形成，本段"郯彬竹素，可略而言"即是如此。

竹素：竹帛，多指史册、书籍。《三国志·吴志·陆凯传》："明王圣主取士以贤，不拘卑贱，故其功德洋溢，名流竹素。"

　　祖 / 是突，雁门府君；父罗察，仪同三司、云中郡开国公。并德被生民，道光雅
俗，功成身退，/ 世佳名飞。

韩祖念祖父名是突，雁门太守；父名罗察，仪同三司、云中郡开国公。二人品德高尚，风气雅正，恩德遍及百姓。雁门地近六镇，又临尔朱老巢秀容，其祖父应该是尔朱荣的亲信。从韩祖念祖上的名讳以及活动区域来看，韩祖念这支韩氏应为出身六镇的胡族。

韩氏起源大约分为两支，一支以国为氏，乃"姬姓之别族。出晋穆侯之少子曲沃成师，是为桓叔，生万，是为武子，食采韩原。一云，成王封叔虞于唐，赐毕万韩原之地，其地在今同州韩城县南十八里。武子生厥，是为献子。晋景公之时，晋作六卿，献子在一卿之位，从其始封，遂为韩氏，世为晋卿。"[2]三晋韩氏韩王信后裔确有一支因做官迁到了昌黎，史书中也多有记载，前后有序。《元和姓纂》韩氏"昌黎棘成县"条："晋员外韩安之生潜、恬。后魏书云，并延之族弟，同随州司马休之自南入后魏。恬子都为元羌太守。因居昌黎。潜元孙建业，北齐司徒、南安王。"《古今姓氏书辩证》："昌黎韩氏，河东太守纯，四世孙安之，晋员外郎，二子潜、恬。恬二子都、偃。偃，临江令，生后魏从事中郎颖。颖生播，字远游，徙昌黎棘城，二子励、绍。绍字延宗，扬州别驾，二子奕、胄。胄字弘胤，北齐胶州刺史，生护，字灵祐，后周商州刺史。"[3]韩王信后代韩暨六世孙韩延之，《魏书》："韩延之，字显宗，南阳赭阳人，魏司徒暨之后也。"韩延之与韩祖念属于同一时代。

　①　叶昌炽：《语石校注》，今日中国出版社，1995年，第384页。

　②　《通志·氏族略第二》。

　③　邓名世：《古今姓氏书辩证》，江西人民出版社，2006年，第119页。

　　另有一支韩姓由胡姓简化而来，《魏书·官氏志》："出大汗氏，后改为韩氏"[①]。《北朝胡姓考》将韩氏列为内入诸姓："姓氏诸书中无出大汗氏，出大汗为步六汗之讹，破六韩之异译，乃匈奴之贵种。"[②]《通志·氏族略》将破六韩与步大汗分列："代北三字姓：破六韩氏（其先代人，随魏南迁），步大汗氏（出自塞北，迁中土）。"[③]《北齐书》《北史》有《步大汗萨传》《破六韩常传》，因此将步六汗（步大汗）视为破六韩（破洛汗或破落汗）[④]的异译似乎不妥。韩氏的"出大汗氏"应该是出自塞北，后迁入中土的步大汗（步六汗）氏，乃匈奴后裔。汉朝灭亡的时候，匈奴作为政治上独立的一个国家，也算是灭亡了；作为一个种族，则逐渐与其他种族融合。匈奴故地为鲜卑侵占后，其种族之留居故地者十余万落，自称为鲜卑人。起初，二者之间区别甚多，久而久之，互相聚居、通婚，二者就不容易分开[⑤]。北朝这支韩氏虽为匈奴后裔，但被鲜卑同化，以文化来论，可将其归为鲜卑人。

　　十六国北朝以来昌黎韩氏人物众多，使昌黎成为韩氏的重要郡望，韩氏大多攀附昌黎韩氏，都以三晋韩氏自居。"太妃字智辉，昌黎棘城人。韩王信之后……"[⑥]韩智辉为高欢妃、韩轨之妹，其父"韩买字买奴，辽东徒河人"，韩买奴一个标准的胡族名字，与韩王信恐怕没什么干系。周一良先生认为："大抵魏晋以来北边外族入中国多喜冒称汉人后裔。"[⑦]

　　《永乐大典方志辑佚·太原志》："北齐韩祖念墓在县东三十里白圭出。别无所立碑记，事业无可考。"[⑧]韩祖念葬于祁县白圭，显然与事实不符，但也不能草率地将方志所载内容归为谬误。考虑到韩祖念墓的规格与其身份地位不相称，随葬陶俑又有隋代风格。似乎也存在这样一种可能，即白圭为韩祖念始葬之地，其夫人死后又与其合祔于晋阳，方志所载是其旧茔。当然也可能史书所载白圭的韩祖念墓是其后人为其设立的衣冠冢，若此，韩祖念很可能与埋葬于白圭的韩裔有亲缘关系。韩裔史书无传，其墓志记载韩裔是昌黎宾屠人，卒于天统三年，年五十四，比韩祖念小四岁，又早亡一年。韩裔嗣其父韩贤之爵，韩贤出于怀朔镇，先跟尔朱荣，后追随高欢，颇有战功，战死沙场[⑨]。韩裔的妹妹是高欢养女，韩裔本人的成长得到高氏父子照顾，这个背景使其子韩长鸾得势[⑩]。韩裔一支无疑是高欢核心集团成员，韩祖念也可能与韩裔有些关系。

　　雁门郡：今山西右玉县南。《魏书·地理志》："雁门郡，秦置，光武建武十五年罢，

---

　　① 《魏书·官氏志》。

　　② "六"与"大"、"出"与"步"易讹，出大汗、步大汗、步六汗均为一姓，而"破六韩"是否为异译值得探讨，参见姚薇元：《北朝胡姓考》，中华书局，2007年，第136、137页。

　　③ 《通志·氏族略第五》。

　　④ 王鸣盛：《十七史商榷》，上海书店出版社，2005年，第579页。"考《魏书》又作'破洛汗'，'洛'又作'落'。《周书·于谨传》又作'破六汗'，无正字。"

　　⑤ 陈序经：《匈奴史稿》，中国人民大学出版社，2007年，第401页。

　　⑥ 王连龙：《新建北朝墓志集释》，中国书籍出版社，2013年，第123页。

　　⑦ 周一良：《魏晋南北朝史十二讲》，中华书局，2010年，第120页。

　　⑧ 马蓉等：《永乐大典方志辑佚》第一册，中华书局，2004年，第308页。

　　⑨ 《北齐书·韩贤传》："韩贤，字普贤，广宁石门人也。壮健有武用。初随葛荣作逆，荣破，随例至并州，尔朱荣擢充左右……尔朱度律用为帐内都督……高祖入洛，尔朱官爵例皆削除，以贤远送诚待，令其复旧。"

　　⑩ 罗新：《北齐韩长鸾之家世》，《北京大学学报》（哲学社会科学版），2006年第2期。

二十七年复。天兴中属司州，太和十八年属。"

　　云中郡：约在山西大同市一带。《汉书·地理志》："云中郡，秦置。莽曰受降。属并州。"

　　府君：汉代对郡相、太守的尊称，后仍沿用。《后汉书·华佗传》："广陵太守陈登忽患匈中烦懑，面赤，不食。佗脉之，曰：'府君胃中有虫。'"南朝宋刘义庆《世说新语·德行》："（陈仲举）为豫章太守，至便问徐孺子所在，欲先看之，主簿白：'群情欲府君先入廨。'"

　　道光：高尚的道德、正确的主张得到发扬和传颂。《晋书·汝南王亮等传论》："分茅锡瑞，道光恒典。"

　　雅俗：雅正的风气。唐杨巨源《薛司空自青州归朝》："已变畏途成雅俗，仍过旧里揖清风。"

　　王天表逸木，神资秀质，识度恢远，志量盅深。岐嶷已有将相之风，总丱便／著公侯之望。由是机警独发，规谟客举，节高俗外，名盖寰中。类鳞属之蟠龙，辟鸟群／之鸾凤。通人达鉴，咸以治乱凭之。

本节开始介绍韩祖念，溢美之辞、歌功颂德，不能免俗。

　　天表：天生美好的仪容。

　　神资：天资，禀赋。

　　秀质：美质。

　　识度：见识、器度。

　　恢远：广阔深远。

　　志量：志向和抱负。

　　岐嶷：出自《诗·大雅·生民》："诞实匍匐，克岐克嶷。"后多以岐嶷形容幼年聪慧。《东观汉记·马客卿传》："马客卿幼而岐嶷，年六岁，能接应诸公，专对宾客。"北魏杨炫之《洛阳伽蓝记·追光寺》："略生而岐嶷，幼则老成，博洽群书。"《晋书·裴秀传》："生而岐嶷，长蹈自然。"

　　总丱：指古时儿童束发为两角，借指童年。南朝梁武帝《拟长安有狭邪》："小息尚青绮，总丱游南皮。"总丱也称总角，《诗·卫风·氓》："总角之宴，言笑彦彦"。清代王晫《今世说·赏誉》："许彝千少便岐嶷，总角风气更进。"

　　"总丱便著公侯三望"是称赞韩祖念年少时便有将相之风度、公侯之名望。

　　规谟：亦作"规蓍"，法则。《南齐书·陈显达传》："规谟肃举，期寄兼深，见可知难，无损威略。"《文选·陆倕〈石阙铭〉》："历代规蓍，前王典故，莫不芟夷翦截，允执厥中。"李周翰注："规，法；蓍，则也。"

　　鸾凤：鸾鸟与凤凰，比喻贤俊之士。

　　通人：学识渊博通达的人，如今称之为达人。汉王充《论衡·超奇》："博览古今者为通人。"

　　达鉴：明察，透彻了解。《宋书·颜延之传》："苟能反悔在我，而无责於人，必有达鉴，昭其情远，识迹其事。"

　　遂寔交霸后，潜质■帝图。从游范砀（阳）之间，陪奉芜／蒌之路，勤诚铷峙，忠节云标。故以劲草见嗟，披荆致赏。

溢美之辞过后开始记述韩祖念的生平，可补史料之不足。韩祖念追随高欢，勤奋诚恳，忠心耿耿，遇到困难坚强不屈，多次得到赏赐。

寔：实。

霸后：应是武明皇后娄昭君。北齐《娄睿墓志》："霸后扶持，群方顺纪。"

从游：与之相游处，谓交往。《史记·郦生陆贾列传》："郦生见谓之曰：'吾闻沛公慢而易人，多大略，此真吾所愿从游。'"《后汉书·爰延传》："善人同处，则日闻嘉训；恶人从游，则日生邪情。"

范阳："今河北定兴县西南四十里固城镇。后魏明帝孝昌二年（526年），为杜洛周所破。"①《读史方舆纪要》："后魏孝昌三年（527年），上谷贼杜洛周南趣范阳，幽州刺史常景破之。"韩祖念随高欢共图杜洛周不成，为其骑所追，"奔葛荣"②说明他们逃向南方，而范阳正好在其南边。而此事很可能就发生在孝昌二年至孝昌三年，杜洛周追击高欢的时候，攻下范阳。

陪奉：奉陪，敬辞。

芜蒌之路：可能是高欢"奔葛荣"所经之路。芜蒌亭是东汉古迹名③，故址在今河北省饶阳县滹沱河滨。"芜蒌"位于范阳以南百余里，高欢南逃途经芜蒌符合情理。韩祖念时年十七岁，高欢三十一岁。

忠节：忠贞的节操。

云标：云的顶端，比喻极高处。唐代杜审言《蓬莱三殿侍宴奉敕咏终南山应制》："云标金阙迥，树杪玉堂悬。"

劲草：茎坚韧的草，比喻坚强不屈的人。

致赏：过分的赏赐、滥赏。这里应指多次赏赐而非滥赏。《管子·君臣下》："致赏则匮，致罚则虐。财匮而令虐，所以失其民也。"

> 及臣怨已雪，大乱斯除，九服／宅止，百神改列。乃除宁朔将军、步兵校尉，寻转安远将军，复迁平东将军、太中大夫、／封昌阳县子、帐内都督。更移右厢都督，领亲信。

结合上下文，"臣怨已雪，大乱斯除"大致发生在孝昌二年（526年）至韩陵之战（532年）之间，此时韩祖念应随高欢在尔朱氏帐下。后面紧接着"九服宅止，百神改列"，应该指

---

①　王仲荦：《北周地理志》范阳郡条，中华书局，1980年。

②　《北齐书·神武帝纪》："孝昌元年，柔玄镇人杜洛周反于上谷，神武乃与同志从之。丑其行事，私与尉景、段荣、蔡俊图之。不果而逃，为其骑所追。文襄及魏永熙后皆幼，武明后于牛上抱负之。文襄屡落牛，神武弯弓将射之以决去。后呼荣求救，赖荣遮下取之以免。遂奔葛荣，又亡归尔朱荣于秀容。"

③　《后汉书·冯异传》："及王郎起，光武自蓟东南驰，晨夜草舍，至饶阳芜蒌亭。时天寒烈，众皆饥疲，异上豆粥。明旦，光武谓诸将曰：'昨得公孙豆粥，饥寒俱解'……六年春，异朝京师。引见，帝谓公卿曰：'是我起兵时主簿也。为吾披荆棘，定关中。'既罢，使中黄门赐以珍宝、衣服、钱、帛。诏曰：'仓卒芜蒌亭豆粥，滹沱河麦饭，厚意久不报。'异稽首谢曰：'臣闻管仲谓桓公曰：愿君无忘射钩，臣无忘槛车。齐国赖之。臣今亦愿国家无忘河北之难，小臣不敢忘巾车之恩。'"

高欢摆脱尔朱兆，得到二十万"三州六镇"的虎狼之师，霸业初成。以此句推测前句应该是以高欢的宏图大业而言或指天下大势而非韩祖念私人之"怨"。这一时间段发生的大事主要有河阴之变、孝庄帝诛杀尔朱荣，尔朱兆入洛弑君，"臣怨已雪，大乱斯除"应指永安三年（530年）尔朱荣被诛。尔朱兆弑君后，高欢自立，韩祖念等亦随军功加官封爵，可谓"九服宅止，百神改列"。

九服：泛指全国各地。《文选·刘琨·劝进表》："自京畿陨丧，九服崩离，天下嚣然，无所归怀。"

宅：住宅；止：停止。宅止即安定下来。

百神：百官。官爵乃人君御下之术，"历代制度，有官品，有爵号，有职位。官爵所以示荣宠，职位所以委事权。臣下有功有劳，随其大小，酬以官爵；有才有能，随其所堪，处以职位。"① 官爵以人为本，为了表彰功劳，以示荣宠，即散官，相当于今天的职称；职位以事为本，量才任用，是实际职务。散官制度发展至唐代趋于成熟，此前散官制度比较凌乱。"在唐代的官僚等级制下，'散官'与'职事官'判若两分。在职事官外，存在着文散阶和武散阶序列，它们分别由文武散官构成，被称为'散位'、'本品'或'本阶'。"②

百神改列：大小官员、各路豪杰根据天下大势择木而栖，各受封赏。

宁朔将军：实职，六品③。

步兵校尉：武散官名。汉武帝初置中垒、屯骑、步兵、越骑、长水、胡骑、射声、虎贲等校尉为八校，各有司马。后汉以屯骑、越骑、步兵、长水、射声为五校，皆掌宿卫兵，各有司马，并属北军中候。时五校官显职闲而府寺宽敞，舆服光丽，伎巧必给，故多以皇族肺腑居之。至灵帝，又置西园八校尉。自魏晋以下，五校之名与后汉同。唯后魏五校各置二十人④。北齐丞相斛律金也做过同级官职，"荣表金为别将，累迁都督。孝庄立，赐爵阜城县男，加宁朔将军、屯骑校尉"⑤。

安远将军：实职，正四品⑥。

平东将军：可能为武散官⑦。

太中大夫："秦官，亦掌论议。汉因之。后汉置二十人。魏以来无员。晋视中丞、吏部，绛朝服，进贤一梁冠，介帻。泰始末，诏除王览为太中大夫，禄赐与卿同。梁、北齐皆有，大唐亦有之"⑧。北齐时，太中大夫为文散官，正四品⑨。

---

① 《新元史·王磐传》。

② 阎步克：《品位与职位——秦汉魏晋南北朝官阶制度研究》，中华书局，2009 年，第 19 页。

③ 《通典》卷三十九《职官二十一》。

④ 《通典》卷三十四《职官十六》。

⑤ 《北齐书·斛律金传》。

⑥ 《通典》卷三十八《职官二十》。

⑦ 《通典》卷二十九《职官十一》。

⑧ 《通典》卷三十四《职官十六》。

⑨ 《通典》卷三十八《职官二十》。

　　昌阳县子：爵位，散县子为从四品 ①。

　　帐内都督：武官名。宇文泰为西魏丞相时始置，掌领亲信之兵。《周书·宇文神举传》：
"（宇文神举）父显和，太祖（宇文泰）引为帐内大都督"。北周沿置，《北史·段达传》："隋文
帝为丞相，以为大都督，领亲信兵，常置左右。"帐内都督是高欢的亲兵护卫队队长，分为左
箱都督和右箱都督，亲信即护卫亲兵。《隋书·百官志》："王公以下，三品以上，又并有亲信、
帐内，各随品高卑而制员。"又有"亲信都督"一职，见于北魏末年及东、西魏之际，可能是
统领"亲信"的武官。胡三省认为："亲信都督，魏末诸将擅兵，始置是官，以领亲兵。"② 领亲
信的帐内都督与亲信都督职能应该是相同的。

　　　韩陵大殄，乃授征东将军、金紫光禄 / 大夫、泾州刺史，复改昌阳子为开国县
　　侯，复除征北将军、蔚州刺史。更授车骑将军，/ 别封开封县开国侯，迁仪同三司、
　　骠骑将军，帖平阳子。

　　韩陵之战后，韩祖念又得到一系列的封赏。

　　"（普泰）二年春三月，齐献武王败尔朱天光等于韩陵。"③《北史·齐本纪》：普泰二年（532
年之），高欢率军与尔朱兆在韩陵山决战。敌军共有二十万，而高欢军仅有三万，众寡悬殊。
高欢令全军布成圆阵，并用牛骡堵塞退路。军士见不杀败敌军，只有一死，于是人人奋勇向
前，无不以一当十。经过激战，大获全胜。作为右箱都督的韩祖念在韩陵之战中的主要职责就
是保护高欢，此战高欢以少敌多、大获全胜，韩祖念恐怕功劳不小，职位也一路飙升。

　　征东将军：汉魏以来置四征将军，加大者始曰方面。征东将军（汉献帝初平三年，以马腾
为之，或云以张辽为之）、征西将军（汉光武建武中，以冯异为大将军）、征南将军（汉光武建
武二年置，以冯异为之，亦以岑彭为大将军）、征北将军（魏明帝太和中置，刘靖为之，许允
亦为之）各一人。魏黄初中，位次三公。后魏加大则次卫将军。大唐无 ④。

　　金紫光禄大夫：文散官，第三品 ⑤。魏有光禄大夫，金紫、银青光禄大夫。北齐皆以旧德就
闲者居之，与特进同 ⑥。

　　仪同三司、骠骑将军、车骑将军：仪同三司为文散官；骠骑将军、车骑将军为武散官，均
为正二品 ⑦。仪同三司即仪制与三司相同，三司即三公（司马、司徒、司空）。

　　刺史：实职，是一州的行政首长。"皇始元年，始建曹省，备置百官，封拜五等，外职则
刺史、太守、令长已下有未备者，随而置之。又制诸州置三刺史，刺史用品第六者，宗室一
人，异姓二人，比古之上中下三大夫也。郡置三太守，用七品者，县置三令长，八品者。刺

---

① 《通典》卷三十八《职官二十》。

② 《资治通鉴》卷一五五。

③ 《魏书·前废帝广陵王纪》。

④ 《通典》卷二十九《职官十一》。

⑤ 《通典》卷三十八《职官二十》。

⑥ 《通典》卷三十四《职官十六》。

⑦ 《通典》卷三十八《职官二十》。

史、令长各之州县，以太守上有刺史，下有令长，虽置而未临民。自前功臣为州者征还京师，以爵归第，置散骑郎、猎郎、诸省令史、省事、典签等。"①"后魏天赐二年，又制，诸州置三刺史，皇室一人，异姓二人，比古之上中下三士也。郡置三太守，县置三令长。孝文太和中，次职令。自后魏、北齐，则司州曰牧。而北齐制州为上中下三等，每等又有上中下之差，自上上州至下下州凡九等。"②

泾州：今甘肃泾川县③。泾州从未归东魏、北齐实际统治过，因此，韩祖念的泾州刺史是遥领，他应该还在中央任职。

蔚州：今山西灵丘一带④。《魏书·地理志》："蔚州（永安中改怀荒、御夷二镇置，寄治并州邬县界）。"韩祖念授蔚州刺史时已是韩陵之战以后，此时蔚州已从今灵丘侨置于今山西平遥一带，应为实授，从此韩祖念调任地方。

开国县侯：爵位，从二品⑤。

帖：添补，增添。

■皇齐膺箓，乃加开府仪同 / 三司，增封云阳县开国子，领左卫大将军。

北齐代魏，"天保元年夏五月改元，百官进两大阶，六州缘边职人三大阶"⑥。韩祖念亦随之加官进爵，从正二品仪同三司、骠骑将军到从一品开府仪同三司，还增封云阳县开国子，领左卫大将军。

膺箓：帝王承受符命。《文选·颜延之〈赭白马赋〉》："后唐膺箓，赤文候日。"李善注引《春秋命历引》："五德之运徵符合，膺箓次相代。"南朝梁刘勰《文心雕龙·时序》："太祖以圣武膺箓，世祖以睿文纂业。"

开府仪同三司：官名，从一品。"后汉章帝建初三年，始使车骑将军马防班同三司。'同三司'之名自此始也。殇帝延平元年，以邓骘为车骑将军仪同三司。'仪同'之名自此始也。魏黄权以车骑将军开府仪同三司。'开府'之名自此始也。齐开府仪同三司如公……后魏普泰初，特以尔朱世隆为仪同三司，位次上公。北齐，亦有仪同三司者。"⑦

自沙塞多虞，胡兵屡扰。■威宗频年出讨，/ 王每立殊功，乃以本官除建州诸军事，建州刺史。■威宗以王地峻礼崇，勋隆业大，/ 建部局小，未允时瞻。因转晋州诸军事，晋州刺史，余官如先。征还拜特进。

北齐时，北方边境受到柔然侵扰，齐威宗高洋频频出征讨伐，韩祖念亦随军出征，多次立

① 《魏书·官氏志》卷一百一十三。
② 《通典》卷三十二《职官十四》。
③ 王仲荦：《北周地理志》，中华书局，1980年，第75页。
④ 王仲荦：《北周地理志》，中华书局，1980年，第895页。
⑤ 《通典》卷三十八《职官二十》。
⑥ 《北史·齐显祖纪》。
⑦ 《通志二十略·职官略第七》。

有军功，得到升赏，后调任建州。齐威宗高洋又以韩祖念功劳大、名望高，管辖的建州位置偏僻、狭小，不合时宜，将韩祖念平调晋州刺史，其他官职不变。后又将韩祖念征召回中央，拜为特进，此次征还可能发生在高殷继位以后。高殷于559年在晋阳即位，由于他幼年登基，政权掌握在叔父高演手中，在位仅一年多即被废。此时的韩祖念年纪在四十九岁左右，很可能被征还晋阳。

沙塞：沙漠边塞。《后汉书·南匈奴传论》："世祖以用事诸华，未遑沙塞之外，忍愧思难，徒报谢而已。"

虞：忧虑。

建州：今山西长治晋城一带。建州治高都，高都为今山西晋城县东北三十里①。《魏书·地理志》："建州（慕容永分上党置建兴郡，真君九年省，和平五年复。永安中罢郡置州。治高都城）。"

晋州：治平阳即，今山西临汾②一带。

建部：建州。

局小：狭小，狭隘。《说文》："局，促也。"

允：公平得当。

特进：官名。始设于西汉末。授予列侯中有特殊地位的人，位在三公下。东汉至南北朝仅为加官，无实职。隋、唐以后为散官。"后魏、北齐用人皆以旧德就闲居者居之。"③

　　　　皇建之始，/ 进封武功王，复除宁州刺史，食济阴郡干。

皇建（560～561年）：北齐孝昭帝高演的年号。560年八月改元至次年十一月武成皇帝高湛即位改元大宁。韩祖念在废帝高殷时期被征还中央拜为闲居的特进，应该是高演图谋废帝刻意的安排，说明韩祖念和高洋比较亲近，而且在地方也有些势力，高演对他还是有些忌惮。孝昭帝高演即位后进封韩祖念为武功王、宁州刺史，以济阴郡为其食封地。所谓无功不受禄，恐怕韩祖念对高演的篡位起到了一定的帮助。得到高演的信任后，韩祖念再次回到地方。

宁州：治赵兴郡城，今甘肃宁县城关④。《魏书·地理志》："宁州（兴和中置，寄治汾州介休城）。"寄治是指地方官署侨居他地，既然宁州侨置于介休，韩祖念的宁州刺史就不是遥领，他从中央又回到地方任职。

食干制度：北齐特有，根据前朝的给干制度演变而来，东魏、北齐的干来自于隶户⑤。《隋书·百官志》："（齐制中）诸州刺史守令以下，干及力皆听赦乃给。其干出所部之人，一干输绢十八匹，干身放之。"食干者食取"干"交纳的绢物，"食干"与"食邑"意义基本相同。

济阴郡："济阴郡领县四，定陶（两汉、晋属。有定陶城）、离孤（前汉属东郡，后汉、晋

① 王仲荦：《北周地理志》，中华书局，1980年，第822～823页。
② 王仲荦：《北周地理志》，中华书局，1980年，第805页。
③ 《通志二十略·职官略》。
④ 王仲荦：《北周地理志》，中华书局，1980年，第93～95页。
⑤ 张焯：《北朝给干与食干制补议——兼论隋唐输庸代役制的起源》，《天津师范大学学报》，1988年第2期。

属。有离孤城、桃城）、冤句（两汉、晋属。治冤句城。有南阳城）、乘氏（两汉、晋属。有大乡城、梁丘城、廪城），属西兖州（孝昌三年置，治定陶城，后徙左城）。"①

　　　　企卫钩陈，望尽朝杰，乃征入，拜领军将军。/ 但方牧仗质，事切中任。复出，
除瀛州诸军事、瀛州刺史，年满移授南朔州刺史，领大 / 都督。

　　韩祖念多年来保卫皇室兢兢业业，在诸朝臣中声望已经达到顶端，他被征入中央，拜为领军将军。这一变动或许与武成帝高湛即位有关，又或许与娄昭君的亡故有关。武成帝高湛于561年即位于晋阳，而娄昭君卒于天宁二年（562年）春。但地方上又需要韩祖念这样的人才，于是又出任瀛洲，后又调任南朔州。

　　钩陈：星官名，也指后宫。这里指皇室。《文选·扬雄〈甘泉赋〉》："诏招摇与太阴兮，伏钩陈使当兵。"李善注引服虔曰："钩陈，神名也。紫微宫外营陈星也。"《文选·班固〈西都赋〉》："周以钩陈之位，卫以严更之署。"李善注引《乐叶图》："钩陈，后宫也。"《隋书·高祖纪上》："任掌钩陈，职司邦政。"

　　领军将军："（魏）文帝受汉禅，始置领军将军，主五校、中垒、武卫三营……后魏有领军、护军。又有领军将军、护军将军，二军与领护不并置。北齐领军府，凡禁卫官皆主之"②。

　　方牧：古时统治一方的军政长官方伯与州牧的并称，后泛指地方长官。三国魏曹植《文帝诔》："方牧妙举，钦於恤民。"赵幼文注："方牧，即《舜典》之四岳、十二牧，谓魏代之刺史、太守统治百姓之官。"《晋书·王濬传》："授臣以方牧之任，委臣以征讨之事。"

　　瀛洲：今河北河间县城关③。《魏书·地形志》："瀛洲，太和十一年分定州河间、高阳，冀州彰武、浮阳置。治赵都军城。"

　　南朔州：朔州侨置于今寿阳，因其位于原朔州以南，所以称为南朔州以示区别。

　　　　此则宁州故部，任在襟带，鸣声杖节，恒资重臣，必藉威灵。故既去复返，更加
特 / 进，食浮阳郡干，迁司徒公，进大将军，转南云州刺史。

　　韩祖念曾经做过宁州刺史，由于宁州重要的地理位置，韩祖念再次回到宁州。

　　本段与史料记载吻合，天统二年（566年）韩祖念为司徒公，天统三年进大将军。司徒公、大将军均为正一品④。天统是齐后主高纬的年号。此时五旬有余的韩祖念已经是六朝老臣。

　　襟带：谓山川屏障环绕，如襟似带。比喻险要的地理形势，也以襟带比喻贴近、重要之处。汉代张衡《东京赋》："苟民志之不谅，何云岩险与襟带。"唐代杨炯《后周青州刺史齐贞公宇文公神道碑》："三秦六辅之奥区，五岳四渎之襟带。"

　　杖节：执持旄节，古代帝王授予将帅兵权或遣使四方，给旄节以为凭信。后多以谓执掌兵权或镇守一方。《汉书·叙传下》："博望杖节，收功大夏。"又《汉书·王莽传》："以太保甄邯

――――――

① 《魏书·地理志》。
② 《通典》卷二十八《职官十》。
③ 王仲荦：《北周地理志》，中华书局，1980年，第966页。
④ 《通典》卷三十八《职官二十》。

为大将军，受钺高庙，领天下兵，左杖节，右把钺，屯城外。”

恒资：天资。南朝梁刘勰《文心雕龙·体性》：“岂非自然之恒资，才气之大略哉！”

威灵：显赫的声威。《汉书·叙传下》：“柔远能迩，燀耀威灵。”《三国志·魏志·吕布传》：“布自称徐州刺史。”裴松之注引《英雄记》：“术凭将军威灵，得以破备。”

浮阳郡：《魏书·地理志》：“浮阳郡（太和十一年分渤海、章武置，属瀛州，景明初并章武，熙平二年复）。”

南云州：此时云州为侨置，在今山西文水一带。

　　王圆方在己，动静兼运，九能□/备，百行无爽。爱敬之道，资父杨名，忠贞之亮，事君尽礼。时逢开辟，运属经营。始督兵/于麾下，终持柯于阃外；或西平胡落，南静蛮方；或深邯秦关，长驱朔野。皆以推锋陷/敌，执讯褰旗。鄙方邵之为功，嗤卫霍之言勇。

此段开始对韩祖念的品格和戎马生涯做概括总结，大意如下：武功王韩祖念性情刚正，但也有变通处世的能力，能文善武，具备一名治世能臣应具有的所有能力。孝敬双亲，以礼事君，忠孝两全。时逢高欢开疆辟土，开始在其麾下督兵，最终领兵拒敌于边塞。戎马一生，或西抗宇文、或北拒柔然，攻无不克、虏敌无数。立下的盖世功勋超过西周中兴贤臣方叔与召虎，作战之勇猛连西汉名将卫青和霍去病也望尘莫及。

圆方：谓随物赋形，或方或圆，这里比喻人的性格圆滑与刚正。

九能：古指大夫应当具备的九种才能。《诗·鄘风·定之方中》“卜云其吉”毛传：“建邦能命龟，田能施命，作器能铭，使能造命，升高能赋，师旅能誓，山川能说，丧纪能诔，祭祀能语，君子能此九者，可谓有德音，可以为大夫。”《旧唐书·魏玄同传》：“今使百行九能，折之于一面，具僚庶品；专断于一司，不亦难矣。”

资：给予。资父：赡养和侍奉父亲。《孝经·士》：“资於事父以事母而爱同；资於事父以事君而敬同。”晋张协《七命》：“有生之欢灭，资父之义废。”唐白居易《柳公绰父子温赠尚书右仆射等八人亡父同制》：“资父事君，移忠自孝。”

秦关：函谷关的别称，这里指代北周。

柯：《说文》：“柯，斧柄也。”《广雅》：“柯，柄也。”《尔雅》：“柯，法也。”

阃：特指城郭的门槛，“阃以内者寡人制之，阃以外者将军制之”。“始督兵于麾下，终持柯于阃外”，指韩祖念的戎马生涯以在高欢帐下督兵为起始，最终薨于南云州刺史之任。

讯：西周时对俘虏的称谓。执讯意思是捉到俘虏。

方邵：亦作“方召”。西周时助宣王中兴之贤臣方叔与召虎的并称，后借指国之重臣。《宋书·王镇恶传》：“（镇恶）实扞城所寄，国之方邵也。”《旧唐书·太宗纪上》：“周宣驱驰方召，亦能制胜太原。”

卫霍：西汉名将卫青和霍去病皆以武功著称，后世并称“卫霍”。三国魏曹植《与吴季重书》：“谓萧曹不足俦，卫霍不足侔也。”

及勋唯利建，■帝乃图居，爵冠于十等，/赋筥于千乘。■皇情求瘼，寄在六
条；我驾传车，凡登七岳；政宣惠洽，易俗移风。

在一干治世能臣的辅佐下，文宣帝高洋代魏称帝建立北齐，并且还谋划着蓄积力量统一全国，为了更高的目标而奋斗。皇帝访求民间疾苦的情意全都寄托在以六条约束臣下，于民秋毫无犯，我等大臣乘坐驿站的传车将皇帝的恩泽诏告全国。

勋唯利建：此指北齐文宣帝高洋代魏称帝建立北齐。

图：计谋，计划。

居：积蓄，储存。

赋：旧指田地税。

筥：古书上说的一种竹。

乘：古代称四为乘，这里的千乘是泛指。

爵冠于十等，赋筥于千乘：指最高的爵位和更多的赋税，也就是说统一全国。

皇情：皇帝的情意。《文选·颜延之〈应诏宴曲水作诗〉》："化际无间，皇情爱眷。"刘良注："皇情，谓天子之情也。"南朝梁沈约《齐安陆昭王碑》："皇情眷眷，虑深求瘼。"

求瘼：访求民间疾苦。唐陆贽《请依京兆所请折纳事状》："求瘼救灾，国之令典。"

六条：晋代诸郡中正荐举贤才的六项标准。《晋书·武帝纪》："令诸郡中正以六条举淹滞：一曰忠恪匡躬，二曰孝敬尽礼，三曰友于兄弟，四曰絜身劳谦，五曰信义可复，六曰学以为己。"

传车：古代驿站的专用车辆。《淮南子·道应训》："（秦始皇）具传车，置边吏。"《后汉书·独行传·索卢放》："而传车所过，未闻恩泽。"

易俗移风：改变习俗，转移风气。这里可能是指民族融合融洽。《礼记·乐记》："移风易俗，天下皆宁。"《北齐书·帝纪第四》："移风易俗，自齐变鲁，此王之功也。"《汉书·贾谊传》："夫移风易俗，使天下回心而乡道，类非俗吏之所能为也。"

同孟/坚之寨襜，喻乔卿之露冤。至于汉赏窦融，唯加特进，晋尊庾亮，止授领军。眇视前贤，/罕闻兼历，独隆望实，郁尔俱昆。

本段大量引用典故赞美墓主人高尚的品德。同时，远望前辈贤人，很少听说兼有如此多能力和品德的，名望和实际相符，独受尊崇。

孟坚：班固字孟坚。汉和帝永元元年（89年），大将军窦宪率军北伐匈奴，班固随军出征，任中护军，行中郎将，参议军机大事，大败北单于后撰下著名的《封燕然山铭》。

襜：车上的帷幕。在前面的叫襜，在两旁的叫帷。引申指车驾、行踪的意思。可用来对人的敬称。北周庾信《周兖州刺史广饶公宇文公神道碑》："襜帷入境，贪残者解印；冕旒从政，仁义者郊迎。"唐王勃《滕王阁序》："宇文新州之懿范，襜帷暂驻。"

乔卿：郭贺字乔卿。《后汉书·郭贺传》："祖父坚伯，父游君，并修清节，不仕王莽。贺能明法，累官，建武中为尚书令，在职六年，晓习故事，多所匡益。拜荆州刺史，引见赏赐，恩宠隆异，及到宫，有殊政。百姓便之，歌曰：'厥德仁明郭乔卿，忠正朝廷上下平'。显宗巡

狩到南阳，特见嗟叹，赐以三公之服，黼黻冕旒。敕行部去襜帷，使百姓见其容服，以章有德。每所经过，吏人指以相示，莫不荣之"。

露冤：使冤情显露。

窦融和庾亮都是名门望族、国之重臣，他们的共同点是多次请辞，这里将二人相提并论，而且用"唯"和"止"来形容二人担任的官职，大约就是以此典故来赞美韩祖念功高但又不贪慕爵位。

眇视：远望、眯着眼看。《楚辞·招魂》："娭光眇视，目曾波些。"王逸注："眇，眺也。"

隆：尊崇。

望实：名声和实际、威望和实力。晋陶潜《晋故征西大将军长史孟府君传》："时亮崇修学校，高选儒官，以君望实，故应尚德之举。"南朝梁江淹《王仆射加兵诏》："宜增威饰，以崇望实。"

　　及百姓不亲，爰司中鼎；九伐须总，迁居上将。安危并/注，朝野方依。但辰巳
忽寝，手足斯启，沦化不追，山颓奋及，以齐天统四年正月二十/三日，薨于云州之
镇，春秋五十八。

在社会动荡百姓不能相亲友好的时候，韩祖念临危受命执掌大权，待到需要征伐之时，他又迁居上将军，天下安危，都倚仗韩祖念的文韬武略。然而正当朝廷和百姓依靠他的时候，韩祖念突然逝世，北齐天统四年（568年）正月二十三日薨于云州刺史之任，时年五十八岁。

百姓不亲：百姓不能相亲友好，在父子、君臣、夫妇、长幼、朋友之间不能够和睦相处。《尚书·尧典》："契，百姓不亲，无品不逊，汝作司徒，敬敷五教，在宽。"

爰：于是。

司：主管，操作。汉扬雄《大司农箴》："时惟大农，爰司金谷。"

鼎：古代视为立国的重器，是政权的象征。司中鼎即主掌朝政。

九伐：泛指征伐。《旧唐书·代宗纪》："九伐之师，尚勤王略；千金之费，重困吾人。"

安危并注：陆贾言："天下安，注意相；天下危，注意将"，意指韩祖念文武双全，无论天下安危，都受到重用。

斯：尽，都。

启：通"啓"。省视，察看。《论语·泰伯》："启予足！启予手！"

沦化：变化，沦落。晋郭璞《山海经图赞·神人二八》："羽民之东，有神司夜，二八连臂，自相羁驾，昼隐宵出，诡时沦化。"《文选·颜延之〈拜陵庙作〉诗》："未殊帝世远，已同沦化萌。"李善注："己质虽存，其神已谢，故同乎沦化之萌也。"

山颓：如山崩塌。《礼记·檀弓上》：孔子死前七日，早起，反手曳杖，逍遥于门，歌曰："泰山其颓乎？梁木其坏乎？哲人其萎乎？"。后以"山颓"作为逝世的婉词。

云州：此时的云州为侨置，在今山西文水一带。

　　■一人兴悼，百辟同哀。■诏赠使持节、都督青冀/瀛沧济赵汾七州诸军事、青

州刺史、太保、尚书令、王如故，谥曰忠武王，礼也。即以其／年十一月廿九日，永厝于五泉山。

一人悼念，百官同哀，后主高纬循例下诏对韩祖念加封，谥号为忠武王。葬礼符合礼制，没有僭越。同年十一月二十九日，葬于五泉山。

百辟：百官。《宋书·孔琳之传》："（徐）羡之内居朝右，外司辇毂，位任隆重，百辟所瞻。"

礼也：按照礼制下葬，没有僭越礼制。

厝：停柩，把棺材停放待葬，或浅埋以待改葬。永与厝同时使用似乎有些矛盾，可能是墓室已经造好，墓主人也已下葬，但墓门并未封实，等待夫人合葬。

嗟夫！楚班易毁，魏冢终败，恐泉壤暝昧，盛烈无闻。故／铭此幽扃，式昭休范。

嗟夫一声哀叹，一句"楚班易毁，魏冢终败"，道出了逝者亲人的忧伤。即使是鲁班打造的棺木也会毁坏，魏冢最终也被破坏而重见天日，陵墓不是永恒的，恐怕墓葬重见天日时，墓主人的盛大功业无人知晓，为了光大墓主人高尚的品德特作此墓志铭。北朝乃至唐代墓志中大多有此过渡句以启下文。

楚班：春秋著名鲁国匠人公输般，原称鲁班，因曾为楚国造云梯攻宋，又称楚班。后用为巧匠的代称，这里指代鲁班制作的棺木。

魏冢：汲郡魏冢，晋太康二年（281年），汲郡的魏冢被毁坏而重见天日。

泉壤：泉下、地下，即墓穴。晋潘岳《寡妇赋》："上瞻兮遗象，下临兮泉壤。"《晋书·孙绰传》："虽没泉壤，尸且不朽。"

冥昧：指天地未形成时的混沌状态。《易纬乾凿度》卷上："一阳二阴，物之生于冥昧，气之起于幽蔽。"

盛烈：盛大的功业。南朝宋颜延之《赭白马赋》："惟宋二十有二载，盛烈光乎重叶。"

无闻：不为人知。

幽扃：墓门。

式昭：用以光大。《后汉书·张衡传》："朝有所闻，则夕行之。立功立事，式昭德音。"李贤注："逸诗曰：'祈招之愔愔，式昭德音。'式，用也；昭，明也。"

休范：嘉美的模范。《晋书·苻坚载记上》："敷纯风於天下，流休范於无穷。"

其词曰：■神基岳立，冥祉云烝。焕乎千祀，王业三兴。篆籀昭晰，龟组／相承。郁为时栋，治乱终凭。汉曰文终，晋称壮武。英图胜迹，连规合矩。出则爪牙，入为光辅。身／秉国钧，名飞天宇。迢迢黄阁，辒辒班轮。苏李英将，唐宋才宾。旌旐蔽景，铙吹飞尘。如何不淑，翻□／□辰，追终有礼，宸矜以惕。大辂龙旅，隆兹宠锡；山原忽晓，松开杳寂；银雁匪游，金辈罢绩。

本段为铭，四字一句，为北朝习用之骈文。分为三部分，分别与前文相对照。引经据典，赞美墓主人生前的辉煌业绩、寄托哀思。

"神基岳立至龟组相承"与前文"王讳祖念至世佳名飞"相对应，赞扬韩祖念出身名门。

岳立：耸立，屹立。《魏书·李骞传》："既云扰而海沸，亦岳立而綦峙。"唐沈佺期《初冬从幸汉故青门应制》："英雄难重论，故基仍岳立。"

冥祉：祖先的福祉。

云烝：比喻英豪奋起。汉班固《典引》："海内云蒸，雷动电燥。"

焕：光明。

千祀：千年。南朝宋谢瞻《张子房诗》："惠心奋千祀，清埃播无疆。"

篆籀：篆文和籀文。晋左思《魏都赋》："鳣校篆籀，篇章毕觌。"

昭晰：清楚、明白。汉应劭《风俗通·过誉·汝南戴幼起》："既推独车，复表其上，为其饰伪，良亦昭晰。"唐陈昌言《白日丽江皋》："清明开晓镜，昭晰辨秋毫。"

龟组：龟纽印绶，借指官爵。南朝齐孔稚珪《为王敬则让司空表》："龟组之华，则纵横吐耀。"唐梁肃《述初赋》："绵侯服以守业，传龟组而罔替。"《后汉书·西域传论》："先驯则赏纂金而赐龟绶。"李贤注："龟谓印文也。《汉旧仪》曰：'银印皆龟纽，其文刻曰：某官之章。'"

"郁为时栋至铙吹飞尘"与前文"王天表逸木至朝野方依"相对应，赞美韩祖念的高尚品德和戎马一生的文治武功。

郁为时栋：当时的栋梁。《文选·袁宏〈三国名臣序赞〉》："释褐中林，郁为时栋。"吕向注："郁然而起，为栋梁之臣也……言其为国之要，如屋之有栋。"

治乱：安定及动乱。

凭：依靠，仗恃。

文终：《通典》礼六十四："汉兴，萧何、张良、霍去病、霍光俱以文武大略，佐汉致太平，其事业不一，谓一文不足以纪其善，于是有文终、文成、景桓、宣成之谥。"萧何谥曰文终侯，终应为极致之意。

壮武：勇壮，雄武。《汉书·韩王信传》："上以为信壮武。"《三国志·魏志·典韦传》："韦既壮武，其所将皆选卒，每战斗，常先登陷陈。"北周庾信《周上柱国齐王宪神道碑》："可谓有忠孝焉，有壮武焉。"文终、壮武都被用作谥号，都是极高的评价，这里用来称赞韩祖念的文韬武略。

英图：雄图，指宏伟的规划或谋略。《宋书·萧思话传》："司徒英图电发，殿下神武霜断。"

爪牙：形容勇武，喻勇士、卫士，也比喻武臣。《诗·小雅·祈父》："祈父！予王之爪牙。"郑玄笺："此勇力之士。"《汉书·陈汤传》："战克之将，国之爪牙，不可不重也。"

光辅：多方面辅佐。《左传·昭公二十年》："神人无怨，宜夫子之光辅五君，以为诸侯主也。"《北齐书·段荣传》："韶光辅七君，克隆门业。"

秉：掌握、主持。

国钧：国柄，国家大权，国家权柄。唐白居易《去岁罢杭州今春领吴郡惭无善政聊写鄙怀兼寄三相公》诗："为问三丞相，如何秉国钧？"《旧唐书·李德裕传》："以父再秉国钧，避嫌不仕台省，累辟诸府从事。"

合矩：符合规范。

天宇：天下。宋苏轼《寄周安孺茶》诗："大哉天宇内，植物知几族。灵品独标奇，迥超凡草木。"

閤：大门旁的小门、宫中小门。

轞轞：形容车声。《魏书·礼志一》："近尝于太祖庙，有车骑声，从北门入，殷殷轞轞，震动门阙，执事者无不肃慄。"唐李白《大猎赋》："戎车轞轞以陆离，毂骑煌煌而奋发。"

班轮：有纹饰的车轮，亦借指轮有纹饰之车，古为显贵所用。《后汉书·舆服志上》："诸使车皆朱班轮，四辐，赤衡轭。"三国魏曹植《鞞舞歌·圣皇篇》："龙旂垂九旒，羽盖参班轮。"唐杜佑《通典》："辇车，金饰，同于蓬辇，通幰，班轮，驾四马，宫苑近行则乘之。"历代对车的形制、装饰都有一套严格的制度。

苏李：西汉苏武与李陵的并称。《新唐书·宋之问传》："语曰'苏李居前，沉宋比肩'，谓苏武、李陵也。"

唐宋：战国唐勒与宋玉并称。《史记·屈原传》："屈原既死之后，楚有宋玉、唐勒、景差之徒者，皆好辞而以赋见称。"《通志略·唐氏》："楚有唐狡、唐勒，勒与宋玉、景差俱师屈原，事楚襄王，文章齐名。"山东临沂银雀山汉简（0184）正面文字："唐勒与宋玉言御襄王前……"① 苏李唐宋四人皆以文章、辞赋著称，以此典故来赞扬韩祖念的文才。

旌旄：泛指旗帜。宋苏辙《送吕希道少卿知滁州》诗："长怪名卿亦坐曹，忽乘五马列旌旄。"也借指官兵。唐杜甫《喜闻官军已临贼境二十韵》："秦山当警跸，汉苑入旌旄。"

飞尘：飞扬的灰尘。晋陆机《长安有狭邪行》："轻盖承华景，腾步蹑飞尘。"

"如何不淑至金辇罢绩"与前文"但辰巳忽寝至永厝于五泉山"相对应，寄托哀思之辞。

不淑：不幸。如何不淑是吊丧慰问之词。出自《礼记·杂记上》："寡君使某，如何不淑。"

追终：犹言慎终追远，谓居丧尽礼，祭祀至诚。东晋王嘉《拾遗记·燕昭王》："义缘天属，生尽爱敬之容；体自心慈，死结追终之慕。"

宸：北极星所在，后借指帝王所居，又引申为王位、帝王的代称。

矜：怜悯，怜惜。

惕：《說文》："敬也。从心易声。又怵惕也。忧也，惧也。"

大辂：古代君王乘坐的车子。《礼记·乐记》："所谓大辂者，天子之车也。"

晄：同"晃"。

杳寂：幽静。

银雁：比喻银质或银色的古筝弦柱，因斜列有如雁行，故名。这里指代古筝。清唐孙华《钱瞿亭舍人挽诗》："歌声按银雁，舞袖翩游鹍。"

通读韩祖念墓志文，撰者文采飞扬、熟识掌故，更重要的是，志文中记载了韩祖念的生

---

① 吴九龙：《银雀山汉简释文》，文物出版社，1985年，第15页。

平，可补史料之缺。昌黎韩氏为名门望族，神武帝高欢生母即为昌黎韩氏[①]，北齐韩姓权贵不少，或许与此有关。韩祖念应为六镇出身的胡族，冒籍昌黎。《永乐大典》中关于韩祖念墓的记载值得重视，或许为韩祖念与韩裔的关系提供了线索。在北齐频繁的皇位更迭中，韩祖念一直得到重用，应该是高氏集团核心成员。因此，韩祖念墓志文对高齐政权的兴衰和北朝韩氏的研究具有重要意义。

---

① 其墓志载："夫人期姬，昌黎昌黎人。昔三晋棋跱，六合苴分。并地非一同，而爵穷十等。及秦并天下，降为百姓。古无分民，遂家于此。"

附　表

附表一　墓室出土陶俑一览表（176 件）

器号	名称	尺寸（厘米）	冠帽和发式	服饰	出土位置 / 原标签号	完残情况
Hzn-1	镇墓武士俑	高 47.2、 宽 15.8、 厚 12.3	白色圆顶兜鍪	内穿白长襦，外穿明光铠、白色鱼鳞 甲披膊，腰系黑宽带，下穿白裤，黑 色圆头鞋	后室西侧 /109	完整
Hzn-2	镇墓武士俑	高 48、 宽 16.3、 厚 12.5	白色圆顶兜鍪	内穿白长襦，外穿明光铠、白色鱼鳞 甲披膊，腰系黑宽带，下穿白裤，黑 色圆头鞋	原签遗失	完整
Hzn-3	执盾武士俑 A 型	高 23.5	圆顶折角风帽	上穿窄袖过膝窄体橘红长襦，袒右肩， 腰系白点黑带，下穿白裤，黑色圆头鞋	后室封门前 /10	足残
Hzn-4	执盾武士俑 A 型	高 23.5	圆顶折角风帽	上穿窄袖过膝窄体橘红长襦，袒右肩， 腰系白点黑带，下穿白裤，黑色圆头鞋	后室东侧 /98	完整
Hzn-5	执盾武士俑 A 型	高 23.5	圆顶折角风帽	上穿窄袖过膝窄体橘红长襦，袒右肩， 腰系白点黑带，下穿白裤，黑色圆头鞋	后室东侧 /84	完整
Hzn-6	执盾武士俑 A 型	高 23.5	圆顶折角风帽	上穿窄袖过膝窄体橘红长襦，袒右肩， 腰系白点黑带，下穿白裤，黑色圆头鞋	后室东侧 /72	完整
Hzn-7	执盾武士俑 A 型	高 23.5	圆顶折角风帽	上穿窄袖过膝窄体橘红长襦，袒右肩， 腰系白点黑带，下穿白裤，黑色圆头鞋	后室封门前 /7	完整
Hzn-8	执盾武士俑 A 型	高 23.5	圆顶折角风帽	上穿窄袖过膝窄体橘红长襦，袒右肩， 腰系白点黑带，下穿白裤，黑色圆头鞋	后室封门前 /4	足残
Hzn-9	执盾武士俑 A 型	高 23.5	圆顶折角风帽	上穿窄袖过膝窄体橘红长襦，袒右肩， 腰系白点黑带，下穿白裤，黑色圆头鞋	后室东侧 /86	完整
Hzn-10	执盾武士俑 A 型	高 23.5	圆顶折角风帽	上穿窄袖过膝窄体橘红长襦，袒右肩， 腰系白点黑带，下穿白裤，黑色圆头鞋	后室东侧 /52	完整
Hzn-11	执盾武士俑 A 型	高 23.5	圆顶折角风帽	上穿窄袖过膝窄体橘红长襦，袒右肩， 腰系白点黑带，下穿白裤，黑色圆头鞋	后室封门前 /29	完整
Hzn-12	执盾武士俑 A 型	高 23.5	圆顶折角风帽	上穿窄袖过膝窄体橘红长襦，袒右肩， 腰系白点黑带，下穿白裤，黑色圆头鞋	原签遗失	完整
Hzn-13	执盾武士俑 A 型	高 23.5	圆顶折角风帽	上穿窄袖过膝窄体橘红长襦，袒右肩， 腰系白点黑带，下穿白裤，黑色圆头鞋	后室东侧 /62	颈部裂痕
Hzn-14	执盾武士俑 A 型	高 23.5	圆顶折角风帽	上穿窄袖过膝窄体橘红长襦，袒右肩， 腰系白点黑带，下穿白裤，黑色圆头鞋	墓室封门前 /102	身体裂痕
Hzn-15	执盾武士俑 A 型	高 23.5	圆顶折角风帽	上穿窄袖过膝窄体橘红长襦，袒右肩， 腰系白点黑带，下穿白裤，黑色圆头鞋	后室东侧 /49	完整

器号	名称	尺寸（厘米）	冠帽和发式	服饰	出土位置 / 原标签号	完残情况
Hzn-16	执盾武士俑 A 型	高 23.5	圆顶折角风帽	上穿窄袖过膝窄体橘红长襦，袒右肩，腰系白点黑带，下穿白裤，黑色圆头鞋	墓室封门前 /85	完整
Hzn-17	执盾武士俑 A 型	高 23.5	圆顶折角风帽	上穿窄袖过膝窄体橘红长襦，袒右肩，腰系白点黑带，下穿白裤，黑色圆头鞋	墓室封门前 /104	身裂足残
Hzn-18	执盾武士俑 A 型	高 23.5	圆顶折角风帽	上穿窄袖过膝窄体橘红长襦，袒右肩，腰系白点黑带，下穿白裤，黑色圆头鞋	后室西侧 /7	完整
Hzn-19	执盾武士俑 A 型	高 23.5	圆顶折角风帽	上穿窄袖过膝窄体橘红长襦，袒右肩，腰系白点黑带，下穿白裤，黑色圆头鞋	后室封门前 /50	颈裂
Hzn-20	执盾武士俑 A 型	高 23.5	圆顶折角风帽	上穿窄袖过膝窄体橘红长襦，袒右肩，腰系白点黑带，下穿白裤，黑色圆头鞋	墓室封门前 /100	身体裂痕
Hzn-21	执盾武士俑 A 型	高 23.5	圆顶折角风帽	上穿窄袖过膝窄体橘红长襦，袒右肩，腰系白点黑带，下穿白裤，黑色圆头鞋	后室东侧 /75	完整
Hzn-22	执盾武士俑 A 型	高 23.5	圆顶折角风帽	上穿窄袖过膝窄体橘红长襦，袒右肩，腰系白点黑带，下穿白裤，黑色圆头鞋	后室封门前 /48	完整
Hzn-23	执盾武士俑 A 型	高 23.5	圆顶折角风帽	上穿窄袖过膝窄体橘红长襦，袒右肩，腰系白点黑带，下穿白裤，黑色圆头鞋	原签遗失	完整
Hzn-24	执盾武士俑 A 型	高 23.5	圆顶折角风帽	上穿窄袖过膝窄体橘红长襦，袒右肩，腰系白点黑带，下穿白裤，黑色圆头鞋	墓室封门前 /26	足残
Hzn-25	执盾武士俑 A 型	高 23.5	圆顶折角风帽	上穿窄袖过膝窄体橘红长襦，袒右肩，腰系白点黑带，下穿白裤，黑色圆头鞋	原签遗失	足残
Hzn-26	执盾武士俑 A 型	高 19		上穿窄袖过膝窄体橘红长襦，袒右肩，腰系白点黑带，下穿白裤，黑色圆头鞋	墓室封门前 /71	头佚身残
Hzn-27	执盾武士俑 A 型	高 18.6		上穿窄袖过膝窄体橘红长襦，袒右肩，腰系白点黑带，下穿白裤，黑色圆头鞋	墓室封门前 /98	头佚身残
Hzn-28	执盾武士俑 A 型	高 23.5	圆顶折角风帽	上穿窄袖过膝窄体橘红长襦，袒右肩，腰系白点黑带，下穿白裤，黑色圆头鞋	后室东侧 /83	足残
Hzn-29	执盾武士俑 A 型	高 23.5	圆顶折角风帽	上穿窄袖过膝窄体橘红长襦，袒右肩，腰系白点黑带，下穿白裤，黑色圆头鞋	墓室封门前 /106	身体裂痕
Hzn-30	执盾武士俑 B 型	高 22.5	翻耳扇圆顶风帽	上穿白色圆立领内衣，大开领窄袖红襦，腰系白点黑带，下穿白色大口裤，圆头黑鞋	后室东侧 /116	完整
Hzn-31	执盾武士俑 B 型	高 22.5	翻耳扇圆顶风帽	上穿白色圆立领内衣，大开领窄袖红襦，腰系白点黑带，下穿白色大口裤，圆头黑鞋	墓室封门前 /92	完整
Hzn-32	执盾武士俑 B 型	高 22.5	翻耳扇圆顶风帽	上穿白色圆立领内衣，大开领窄袖红襦，腰系白点黑带，下穿白色大口裤，圆头黑鞋	墓室封门前 /83	完整
Hzn-33	执盾武士俑 B 型	高 22.5	翻耳扇圆顶风帽	上穿白色圆立领内衣，大开领窄袖红襦，腰系白点黑带，下穿白色大口裤，圆头黑鞋	后室东侧 /118	完整
Hzn-34	执盾武士俑 B 型	高 22.5	翻耳扇圆顶风帽	上穿白色圆立领内衣，大开领窄袖红襦，腰系白点黑带，下穿白色大口裤，圆头黑鞋	后室东侧 /100	完整

器号	名称	尺寸（厘米）	冠帽和发式	服饰	出土位置 / 原标签号	完残情况
Hzn-35	执盾武士俑 B 型	高 22.5	翻耳扇圆顶风帽	上穿白色圆立领内衣，大开领窄袖红襦，腰系白点黑带，下穿白色大口裤，圆头黑鞋	后室东侧 /50	完整
Hzn-36	执盾武士俑 B 型	高 22.5	翻耳扇圆顶风帽	上穿白色圆立领内衣，大开领窄袖红襦，腰系白点黑带，下穿白色大口裤，圆头黑鞋	墓室封门前 /86	完整
Hzn-37	执盾武士俑 B 型	高 22.5	翻耳扇圆顶风帽	上穿白色圆立领内衣，大开领窄袖红襦，腰系白点黑带，下穿白色大口裤，圆头黑鞋	原签遗失	完整
Hzn-38	执盾武士俑 B 型	高 22.5	翻耳扇圆顶风帽	上穿白色圆立领内衣，大开领窄袖红襦，腰系白点黑带，下穿白色大口裤，圆头黑鞋	后室东侧 /69	完整
Hzn-39	执盾武士俑 B 型	高 22.5	翻耳扇圆顶风帽	上穿白色圆立领内衣，大开领窄袖红襦，腰系白点黑带，下穿白色大口裤，圆头黑鞋	后室东侧 /56	完整
Hzn-40	执盾武士俑 B 型	高 22.5	翻耳扇圆顶风帽	上穿白色圆立领内衣，大开领窄袖红襦，腰系白点黑带，下穿白色大口裤	墓室封门前 /93	足残
Hzn-41	执盾武士俑 B 型	高 22.5	翻耳扇圆顶风帽	上穿白色圆立领内衣，大开领窄袖红襦，腰系白点黑带，下穿白色大口裤	后室东侧 /61	足残
Hzn-42	执盾武士俑 B 型	高 22.5	翻耳扇圆顶风帽	上穿白色圆立领内衣，大开领窄袖红襦，腰系白点黑带，下穿白色大口裤，圆头黑鞋	后室东侧 /98	完整
Hzn-43	执盾武士俑 B 型	高 22.5	翻耳扇圆顶风帽	上穿白色圆立领内衣，大开领窄袖红襦，腰系白点黑带，下穿白色大口裤，圆头黑鞋	墓室封门前 /101	完整
Hzn-44	执盾武士俑 B 型	高 22.5	翻耳扇圆顶风帽	上穿白色圆立领内衣，大开领窄袖红襦，腰系白点黑带，下穿白色大口裤，圆头黑鞋	墓室封门前 /94	完整
Hzn-45	执盾武士俑 B 型	高 22.5	翻耳扇圆顶风帽	上穿白色圆立领内衣，大开领窄袖红襦，腰系白点黑带，下穿白色大口裤，圆头黑鞋	后室东侧 /59	颈裂
Hzn-46	执盾武士俑 B 型	高 22.5	翻耳扇圆顶风帽	上穿白色圆立领内衣，大开领窄袖红襦，腰系白点黑带，下穿白色大口裤，圆头黑鞋	后室西侧 /8	颈裂
Hzn-47	执盾武士俑 B 型	高 22.5	翻耳扇圆顶风帽	上穿白色圆立领内衣，大开领窄袖红襦，腰系白点黑带，下穿白色大口裤，圆头黑鞋	后室西侧 /3	完整
Hzn-48	执盾武士俑 B 型	高 22.5	翻耳扇圆顶风帽	上穿白色圆立领内衣，大开领窄袖红襦，腰系白点黑带，下穿白色大口裤	后室东侧 /90	足残
Hzn-49	执盾武士俑 B 型	高 22.5	翻耳扇圆顶风帽	上穿白色圆立领内衣，大开领窄袖红襦，腰系白点黑带，下穿白色大口裤，圆头黑鞋	墓室封门前 /61	颈裂

续表

器号	名称	尺寸（厘米）	冠帽和发式	服饰	出土位置 / 原标签号	完残情况
Hzn-50	执盾武士俑 B 型	高 22.5	翻耳扇圆顶风帽	上穿白色圆立领内衣，大开领窄袖红襦，腰系白点黑带，下穿白色大口裤，圆头黑鞋	原签遗失	完整
Hzn-51	执盾武士俑 B 型	高 22.5	翻耳扇圆顶风帽	上穿白色圆立领内衣，大开领窄袖红襦，腰系白点黑带，下穿白色大口裤，圆头黑鞋	后室东侧 /89	完整
Hzn-52	执盾武士俑 B 型	高 22.5	翻耳扇圆顶风帽	上穿白色圆立领内衣，大开领窄袖红襦，腰系白点黑带，下穿白色大口裤，圆头黑鞋	后室封门前 /54	颈裂
Hzn-53	执盾武士俑 B 型	高 22.5	翻耳扇圆顶风帽	上穿白色圆立领内衣，大开领窄袖红襦，腰系白点黑带，下穿白色大口裤，圆头黑鞋	后室封门前 /19	完整
Hzn-54	执盾武士俑 B 型	高 22.5	翻耳扇圆顶风帽	上穿白色圆立领内衣，大开领窄袖红襦，腰系白点黑带，下穿白色大口裤，圆头黑鞋	后室东侧 /80	完整
Hzn-55	执盾武士俑 B 型	高 16.4	翻耳扇圆顶风帽	上穿白色圆立领内衣，大开领窄袖红襦，腰系白点黑带，下穿白色大口裤	墓室封门前 /65	下身残
Hzn-56	执盾武士俑 B 型	高 18.6		上穿白色圆立领内衣，大开领窄袖红襦，腰系白点黑带，下穿白色大口裤，圆头黑鞋	墓室封门前 /62	头佚
Hzn-57	执盾武士俑 B 型	高 18.4		上穿白色圆立领内衣，大开领窄袖红襦，腰系白点黑带，下穿白色大口裤，圆头黑鞋	后室封门前 /33	头佚身裂
Hzn-58	执盾武士俑 B 型	高 18.5		上穿白色圆立领内衣，大开领窄袖红襦，腰系白点黑带，下穿白色大口裤，圆头黑鞋	后室封门前 /22	头佚
Hzn-59	执盾武士俑 B 型	高 17.3		上穿白色圆立领内衣，大开领窄袖红襦，腰系白点黑带，下穿白色大口裤，圆头黑鞋	后室封门前 /32	头佚
Hzn-60	执盾武士俑 B 型	高 18.3		上穿白色圆立领内衣，大开领窄袖红襦，腰系白点黑带，下穿白色大口裤，圆头黑鞋	后室封门前 /34	头佚
Hzn-61	执盾武士俑 B 型	高 18.1		上穿白色圆立领内衣，大开领窄袖红襦，腰系白点黑带，下穿白色大口裤，圆头黑鞋	原签遗失	头佚
Hzn-62	执盾武士俑 B 型	高 17.4		上穿白色圆立领内衣，大开领窄袖红襦，腰系白点黑带，下穿白色大口裤，圆头黑鞋	墓室封门前 /72	头佚身残
Hzn-63	铠甲武士俑	高 24.4	白色圆顶兜鍪	上穿橘红窄袖长襦内衣，外穿白色铠甲，虎皮披膊，下穿白色大口裤，黑色圆头鞋	原签遗失	完整
Hzn-64	铠甲武士俑	高 24.4	白色圆顶兜鍪	上穿橘红窄袖长襦内衣，外穿白色铠甲，虎皮披膊，下穿白色大口裤，黑色圆头鞋	后室东侧 /51	完整

器号	名称	尺寸（厘米）	冠帽和发式	服饰	出土位置 / 原标签号	完残情况
Hzn-65	铠甲武士俑	高 24.4	白色圆顶兜鍪	上穿橘红窄袖长襦内衣，外穿白色铠甲，虎皮披膊，下穿白色大口裤，黑色圆头鞋	后室东侧 /81	完整
Hzn-66	铠甲武士俑	高 24.4	白色圆顶兜鍪	上穿橘红窄袖长襦内衣，外穿白色铠甲，虎皮披膊，下穿白色大口裤，黑色圆头鞋	后室东侧 /85	头佚
Hzn-67	铠甲武士俑	高 24.4	白色圆顶兜鍪	上穿橘红窄袖长襦内衣，外穿白色铠甲，虎皮披膊，下穿白色大口裤，黑色圆头鞋	后室封门前 /13	完整
Hzn-68	铠甲武士俑	高 24.4	白色圆顶兜鍪	上穿橘红窄袖长襦内衣，外穿白色铠甲，虎皮披膊，下穿白色大口裤，黑色圆头鞋	后室封门前 /11	完整
Hzn-69	铠甲武士俑	高 24.4	白色圆顶兜鍪	上穿橘红窄袖长襦内衣，外穿白色铠甲，虎皮披膊，下穿白色大口裤，黑色圆头鞋	墓室封门前 /60	完整
Hzn-70	铠甲武士俑	高 24.4	白色圆顶兜鍪	上穿橘红窄袖长襦内衣，外穿白色铠甲，虎皮披膊，下穿白色大口裤，黑色圆头鞋	后室东侧 /93	完整
Hzn-71	铠甲武士俑	高 24.4	白色圆顶兜鍪	上穿橘红窄袖长襦内衣，外穿白色铠甲，虎皮披膊，下穿白色大口裤，黑色圆头鞋	后室东侧 /68	完整
Hzn-72	铠甲武士俑	高 24.4	白色圆顶兜鍪	上穿橘红窄袖长襦内衣，外穿白色铠甲，虎皮披膊，下穿白色大口裤，黑色圆头鞋	后室封门前 /14	足残
Hzn-73	铠甲武士俑	高 24.4	白色圆顶兜鍪	上穿橘红窄袖长襦内衣，外穿白色铠甲，虎皮披膊，下穿白色大口裤，黑色圆头鞋	后室封门前 /25	完整
Hzn-74	铠甲武士俑	高 24.4	白色圆顶兜鍪	上穿橘红窄袖长襦内衣，外穿白色铠甲，虎皮披膊，下穿白色大口裤，黑色圆头鞋	后室封门前 /27	完整
Hzn-75	铠甲武士俑	高 24.4	白色圆顶兜鍪	上穿橘红窄袖长襦内衣，外穿白色铠甲，虎皮披膊，下穿白色大口裤，黑色圆头鞋	墓室封门前 /58	完整
Hzn-76	铠甲武士俑	高 24.4	白色圆顶兜鍪	上穿橘红窄袖长襦内衣，外穿白色铠甲，虎皮披膊，下穿白色大口裤，黑色圆头鞋	墓室封门前 /59	头身裂痕
Hzn-77	铠甲武士俑	高 24.4	白色圆顶兜鍪	上穿橘红窄袖长襦内衣，外穿白色铠甲，虎皮披膊，下穿白色大口裤，黑色圆头鞋	后室东侧 /77	头裂痕
Hzn-78	铠甲武士俑	高 24.4	白色圆顶兜鍪	上穿橘红窄袖长襦内衣，外穿白色铠甲，虎皮披膊，下穿白色大口裤，黑色圆头鞋	墓室封门前 /82	完整

器号	名称	尺寸（厘米）	冠帽和发式	服饰	出土位置 / 原标签号	完残情况
Hzn-79	铠甲武士俑	高 24.4	白色圆顶兜鍪	上穿橘红窄袖长襦内衣，外穿白色铠甲，虎皮披膊，下穿白色大口裤，黑色圆头鞋	墓室封门前 /87	完整
Hzn-80	铠甲武士俑	高 24.4	白色圆顶兜鍪	上穿橘红窄袖长襦内衣，外穿白色铠甲，虎皮披膊，下穿白色大口裤，黑色圆头鞋	墓室封门前 /88	完整
Hzn-81	铠甲武士俑	高 24.4	白色圆顶兜鍪	上穿橘红窄袖长襦内衣，外穿白色铠甲，虎皮披膊，下穿白色大口裤，黑色圆头鞋	墓室封门前 /107	完整
Hzn-82	垂臂执物武士俑 A 型	高 22.8	黑色缚带平顶帽	上穿橘红右衽圆领长襦，腰系白点黑带，下穿白色大口裤，黑色圆头鞋	后室封门前 /24	颈裂
Hzn-83	垂臂执物武士俑 A 型	高 22.8	黑色缚带平顶帽	上穿橘红右衽圆领长襦，腰系白点黑带，下穿白色大口裤，黑色圆头鞋	后室封门前 /38	颈裂
Hzn-84	垂臂执物武士俑 A 型	高 22.8	黑色缚带平顶帽	上穿橘红右衽圆领长襦，腰系白点黑带，下穿白色大口裤，黑色圆头鞋	后室封门前 /41	完整
Hzn-85	垂臂执物武士俑 A 型	高 22.8	黑色缚带平顶帽	上穿橘红右衽圆领长襦，腰系白点黑带，下穿白色大口裤，黑色圆头鞋	后室封门前 /51	完整
Hzn-86	垂臂执物武士俑 A 型	高 23.1	黑色缚带平顶帽	上穿橘红右衽圆领长襦，腰系白点黑带，下穿白色大口裤，黑色圆头鞋	后室东侧 /74	完整
Hzn-87	垂臂执物武士俑 A 型	高 22.8	黑色缚带平顶帽	上穿橘红右衽圆领长襦，腰系白点黑带，下穿白色大口裤，黑色圆头鞋	后室西侧 /4	完整
Hzn-88	垂臂执物武士俑 A 型	高 22.8	黑色缚带平顶帽	上穿橘红右衽圆领长襦，腰系白点黑带，下穿白色大口裤，黑色圆头鞋	墓室封门前 /63	足残
Hzn-89	垂臂执物武士俑 A 型	高 22.8	黑色缚带平顶帽	上穿橘红右衽圆领长襦，腰系白点黑带，下穿白色大口裤，黑色圆头鞋	墓室封门前 /64	腿裂
Hzn-90	垂臂执物武士俑 A 型	高 22.8	黑色缚带平顶帽	上穿橘红右衽圆领长襦，腰系白点黑带，下穿白色大口裤，黑色圆头鞋	后室封门前 /8	完整
Hzn-91	垂臂执物武士俑 A 型	高 22.8	黑色缚带平顶帽	上穿橘红右衽圆领长襦，腰系白点黑带，下穿白色大口裤，黑色圆头鞋	后室东侧 /65	完整
Hzn-92	垂臂执物武士俑 A 型	高 22.8	黑色缚带平顶帽	上穿橘红右衽圆领长襦，腰系白点黑带，下穿白色大口裤，黑色圆头鞋	墓室封门前 /91	完整
Hzn-93	垂臂执物武士俑 A 型	高 22.8	黑色缚带平顶帽	上穿橘红右衽圆领长襦，腰系白点黑带，下穿白色大口裤，黑色圆头鞋	墓室封门前 /96	颈裂
Hzn-94	垂臂执物武士俑 A 型	高 22.8	黑色缚带平顶帽	上穿橘红右衽圆领长襦，腰系白点黑带，下穿白色大口裤，黑色圆头鞋	墓室封门前 /97	完整
Hzn-95	垂臂执物武士俑 A 型	高 22.8	黑色缚带平顶帽	上穿橘红右衽圆领长襦，腰系白点黑带，下穿白色大口裤，黑色圆头鞋	后室东侧 /78	完整
Hzn-96	垂臂执物武士俑 A 型	高 22.8	黑色缚带平顶帽	上穿橘红右衽圆领长襦，腰系白点黑带，下穿白色大口裤，黑色圆头鞋	后室西侧 /6	完整
Hzn-97	垂臂执物武士俑 A 型	高 22.8	黑色缚带平顶帽	上穿橘红右衽圆领长襦，腰系白点黑带，下穿白色大口裤，黑色圆头鞋	后室西侧 /9	完整

器号	名称	尺寸（厘米）	冠帽和发式	服饰	出土位置/原标签号	完残情况
Hzn-98	垂臂执物武士俑A型	高22.8	黑色缚带平顶帽	上穿橘红右衽圆领长襦，腰系白点黑带，下穿白色大口裤，黑色圆头鞋	墓室封门前/84	完整
Hzn-99	垂臂执物武士俑A型	高22.8	黑色缚带平顶帽	上穿橘红右衽圆领长襦，腰系白点黑带，下穿白色大口裤，黑色圆头鞋	后室封门前/18	完整
Hzn-100	垂臂执物武士俑A型	高22.8	黑色缚带平顶帽	上穿橘红右衽圆领长襦，腰系白点黑带，下穿白色大口裤，黑色圆头鞋	墓室封门前/81	足残
Hzn-101	垂臂执物武士俑A型	高22.8	黑色缚带平顶帽	上穿橘红右衽圆领长襦，腰系白点黑带，下穿白色大口裤，黑色圆头鞋	后室西侧/2	足残
Hzn-102	垂臂执物武士俑A型	高22.8	黑色缚带平顶帽	上穿橘红右衽圆领长襦，腰系白点黑带，下穿白色大口裤，黑色圆头鞋	后室东侧/87	完整
Hzn-103	垂臂执物武士俑A型	高18.4		上穿橘红右衽圆领长襦，腰系白点黑带，下穿白色大口裤，黑色圆头鞋	后室封门前/20	头佚
Hzn-104	垂臂执物武士俑A型	高18.1		上穿橘红右衽圆领长襦，腰系白点黑带，下穿白色大口裤，黑色圆头鞋	后室封门前/5	头佚
Hzn-105	垂臂执物武士俑A型	高18.5		上穿橘红右衽圆领长襦，腰系白点黑带，下穿白色大口裤，黑色圆头鞋	原签遗失	头佚
Hzn-106	垂臂执物武士俑A型	高18.5		上穿橘红右衽圆领长襦，腰系白点黑带，下穿白色大口裤，黑色圆头鞋	后室封门前/3	头佚
Hzn-107	垂臂执物武士俑A型	高18.9		上穿橘红右衽圆领长襦，腰系白点黑带，下穿白色大口裤，黑色圆头鞋	后室封门前/1	头佚
Hzn-108	垂臂执物武士俑A型	高18.9		上穿橘红右衽圆领长襦，腰系白点黑带，下穿白色大口裤，黑色圆头鞋	后室封门前/40	头佚
Hzn-109	垂臂执物武士俑A型	高18.8		上穿橘红右衽圆领长襦，腰系白点黑带，下穿白色大口裤，黑色圆头鞋	后室封门前/31	头佚身残
Hzn-110	垂臂执物武士俑A型	高18.2		上穿橘红右衽圆领长襦，腰系白点黑带，下穿白色大口裤，黑色圆头鞋	后室封门前/35	头佚
Hzn-111	垂臂执物武士俑A型	高22.8	黑色缚带平顶帽	上穿橘红右衽圆领长襦，腰系白点黑带，下穿白色大口裤，黑色圆头鞋	后室封门前/12	足残
Hzn-112	垂臂执物武士俑A型	高18.5		上穿橘红右衽圆领长襦，腰系白点黑带，下穿白色大口裤，黑色圆头鞋	后室封门前/2	头佚
Hzn-113	垂臂执物武士俑B型	高21.7	黑色缚带圆顶帽	上穿橘红圆领右衽长襦，腰系白点黑带，下穿白色大口裤，黑圆头鞋	原签遗失	颈裂
Hzn-114	垂臂执物武士俑B型	高21.7	黑色缚带圆顶帽	上穿橘红圆领右衽长襦，腰系白点黑带，下穿白色大口裤，黑圆头鞋	后室封门前/47	颈裂
Hzn-115	垂臂执物武士俑B型	高21.7	黑色缚带圆顶帽	上穿橘红圆领右衽长襦，腰系白点黑带，下穿白色大口裤，黑圆头鞋	后室封门前/53	颈裂
Hzn-116	垂臂执物武士俑B型	高21.7	黑色缚带圆顶帽	上穿橘红圆领右衽长襦，腰系白点黑带，下穿白色大口裤，黑圆头鞋	墓室封门前/99	颈裂帽残

器号	名称	尺寸（厘米）	冠帽和发式	服饰	出土位置 / 原标签号	完残情况
Hzn-117	垂臂执物武士俑 B 型	高 21.7	黑色缚带圆顶帽	上穿橘红圆领右衽长襦，腰系白点黑带，下穿白色大口裤，黑圆头鞋	墓室封门前 /105	颈裂
Hzn-118	垂臂执物武士俑 B 型	高 21.7	黑色缚带圆顶帽	上穿橘红圆领右衽长襦，腰系白点黑带，下穿白色大口裤，黑圆头鞋	后室东侧 /99	身裂
Hzn-119	垂臂执物武士俑 B 型	高 21.7	黑色缚带圆顶帽	上穿橘红圆领右衽长襦，腰系白点黑带，下穿白色大口裤，黑圆头鞋	后室东侧 /101	完整
Hzn-120	垂臂执物武士俑 B 型	高 18.1		上穿橘红圆领右衽长襦，腰系白点黑带，下穿白色大口裤，黑圆头鞋	后室东侧 /66	头佚
Hzn-121	垂臂执物武士俑 B 型	高 18.1		上穿橘红圆领右衽长襦，腰系白点黑带，下穿白色大口裤，黑圆头鞋	后室封门前 /15	头佚
Hzn-122	垂臂执物武士俑 B 型	高 17.9		上穿橘红圆领右衽长襦，腰系白点黑带，下穿白色大口裤，黑圆头鞋	墓室封门前 /89	头佚
Hzn-123	垂臂执物武士俑 B 型	高 18.3		上穿橘红圆领右衽长襦，腰系白点黑带，下穿白色大口裤，黑圆头鞋	后室东侧 /82	头佚
Hzn-124	垂臂执物武士俑 B 型	高 18.2		上穿橘红圆领右衽长襦，腰系白点黑带，下穿白色大口裤，黑圆头鞋	墓室封门前 /80	头佚
Hzn-125	垂臂执物武士俑 B 型	高 17.9		上穿橘红圆领右衽长襦，腰系白点黑带，下穿白色大口裤，黑圆头鞋	墓室封门前 /66	头佚身残
Hzn-126	垂臂执物武士俑 B 型	高 18.3		上穿橘红圆领右衽长襦，腰系白点黑带，下穿白色大口裤，黑圆头鞋	墓室封门前 /90	头佚
Hzn-127	垂臂执物武士俑 B 型	高 18.3		上穿橘红圆领右衽长襦，腰系白点黑带，下穿白色大口裤，黑圆头鞋	后室封门前 /9	头佚
Hzn-128	曲臂武士俑 B 型	高 23.4	翻耳扇圆顶风帽	内着白色立领短袖襦，外穿橘红圆领右衽长襦，袒右肩，下穿白色大口裤，黑圆头鞋	后室东侧 /54	完整
Hzn-129	曲臂武士俑 A 型	高 23.4	翻耳扇圆顶风帽	内着白色立领短袖襦，外穿橘红圆领右衽长襦，袒右肩，下穿白色大口裤，黑圆头鞋	墓室封门前 /79	完整
Hzn-130	曲臂武士俑 A 型	高 23.4	翻耳扇圆顶风帽	内着白色立领短袖襦，外穿橘红圆领右衽长襦，袒右肩，下穿白色大口裤，黑圆头鞋	后室东侧 /92	颈裂足残
Hzn-131	曲臂武士俑 A 型	高 23.4	翻耳扇圆顶风帽	内着白色立领短袖襦，外穿橘红圆领右衽长襦，袒右肩，下穿白色大口裤，黑圆头鞋	后室西侧 /5	完整
Hzn-132	曲臂武士俑 A 型	高 23.4	翻耳扇圆顶风帽	内着白色立领短袖襦，外穿橘红圆领右衽长襦，袒右肩，下穿白色大口裤，黑圆头鞋	后室封门前 /28	完整
Hzn-133	曲臂武士俑 A 型	高 23.4	翻耳扇圆顶风帽	内着白色立领短袖襦，外穿橘红圆领右衽长襦，袒右肩，下穿白色大口裤，黑圆头鞋	后室封门前 /30	身裂

续表

器号	名称	尺寸（厘米）	冠帽和发式	服饰	出土位置 / 原标签号	完残情况
Hzn-134	曲臂武士俑 C 型	高 23.4	翻耳扇圆顶风帽	内着白色立领短袖襦，外穿橘红圆领右衽长襦，袒右肩，下穿白色大口裤，黑圆头鞋	后室东侧 /53	完整
Hzn-135	曲臂武士俑 A 型	高 23.4	翻耳扇圆顶风帽	内着白色立领短袖襦，外穿橘红圆领右衽长襦，袒右肩，下穿白色大口裤，黑圆头鞋	后室东侧 /60	身裂
Hzn-136	曲臂武士俑 A 型	高 23.4	翻耳扇圆顶风帽	内着白色立领短袖襦，外穿橘红圆领右衽长襦，袒右肩，下穿白色大口裤，黑圆头鞋	墓室封门前 /78	身裂
Hzn-137	曲臂武士俑 D 型	高 23.4	翻耳扇圆顶风帽	内着白色立领短袖襦，外穿橘红圆领右衽长襦，袒右肩，下穿白色大口裤，黑圆头鞋	后室东侧 /71	完整
Hzn-138	曲臂武士俑 B 型	高 23.4	翻耳扇圆顶风帽	内着白色立领短袖襦，外穿橘红圆领右衽长襦，袒右肩，下穿白色大口裤，黑圆头鞋	后室东侧 /88	完整
Hzn-139	女官俑	高 14.4		内着白色圆领内衣，外着橘红色广袖左衽交领短襦，腰系红色宽系带，下着白色大口裤，脚穿白色圆头鞋	后室封门前 /23	头佚
Hzn-140	女官俑	高 13.9		内着白色圆领内衣，外着橘红色广袖左衽交领短襦，腰系红色宽系带，下着白色大口裤，脚穿白色圆头鞋	墓室封门前 /110	头佚
Hzn-141	女官俑	高 13.8		内着白色圆领内衣，外着橘红色广袖左衽交领短襦，腰系红色宽系带，下着白色大口裤，脚穿白色圆头鞋	原签遗失	头佚
Hzn-142	女官俑	高 14.3		内着白色圆领内衣，外着橘红色广袖左衽交领短襦，腰系红色宽系带，下着白色大口裤，脚穿白色圆头鞋	墓室封门前 /77	头佚
Hzn-143	女官俑	高 13.5		内着白色圆领内衣，外着橘红色广袖左衽交领短襦，腰系红色宽系带，下着白色大口裤，脚穿白色圆头鞋	原签遗失	头佚
Hzn-144	文吏俑	高 20.5	根据以往出土北齐墓葬资料，推测戴小冠。墓道出土戴小冠俑头	内着白色低圆领内衣，外穿枣红色广袖右衽交领短襦，白色宽腰带，由环状带钩系结，下着白袴，脚穿黑色圆头鞋	原签遗失	头佚
Hzn-145	笼冠俑	高 20.3	根据以往出土北齐墓葬资料，推测戴笼冠。墓道有出土戴笼冠俑头	内着白色低圆领衣，外穿橘红色右衽广袖曳地长袍，腰束白色宽带，下着橘红大口裤，黑色圆头鞋	原签遗失	头佚

器号	名称	尺寸（厘米）	冠帽和发式	服饰	出土位置 / 原标签号	完残情况
Hzn-146	笼冠俑	高 20.5	根据以往出土北齐墓葬资料，推测戴笼冠。墓道有出土戴笼冠俑头	内着白色低圆领衣，外穿橘红色右衽广袖曳地长袍，腰束白色宽带，下着橘红大口裤，黑色圆头鞋	后室封门前 /37	头佚
Hzn-147	笼冠俑	高 17.7	根据以往出土北齐墓葬资料，推测戴笼冠。墓道有出土戴笼冠俑头	内着白色低圆领衣，外穿橘红色右衽广袖曳地长袍，腰束白色宽带，下着橘红大口裤，黑色圆头鞋	原签遗失	头佚身残
Hzn-148	三棱风帽武士俑	高 27.3	黑色三棱风帽	内着枣红色窄袖长襦，腰系黑色宽带，外披白色交领短袖大氅，下穿白色大口裤，黑色圆头鞋	原签遗失	修复完整
Hzn-149	三棱风帽武士俑	高 22.3		内着枣红色窄袖长襦，腰系黑色宽带，外披白色交领短袖大氅，下穿白色大口裤，黑色圆头鞋	原签遗失	头佚
Hzn-150	佩剑武士俑	高 21.2		内着白色窄袖长襦，腰系白点黑色宽带，外披杏黄色短袖大氅，下穿白色大口裤，黑色圆头鞋	原签遗失	头佚
Hzn-151	击鼓骑马俑	残长 18.2、残高 20，人残高 16.6，马残高 16.7		上穿橘红窄袖长襦，腰系黑带，下穿白色窄腿窄口裤，黑色尖头鞋	原签遗失	马腿、马尾、人足残，人头、马头、底板佚
Hzn-152	击鼓骑马俑	长 23、通高 30，人高 21，马 24.5	圆顶折角风帽	上穿橘红短窄袖圆领长襦，外着胸甲，腰系带，下穿白色窄腿裤，黑色尖头鞋	后室东侧 /97	马耳残
Hzn-153	骑马文吏俑 A 型	残长 22.5、残高 20，人残高 17.5，马残高 18		内着低圆领广袖橘红色长襦，外穿橘红裲裆，腰系红带，下穿窄腿裤，黑色尖头鞋	后室封门前 /49	马腿、耳、尾残，人头、底板佚
Hzn-154	骑马文吏俑 B 型	长 23、残高 25，人残高 17，马高 24		内着白色圆低领窄袖襦，外穿长襦和裲裆，腰系红带，下穿窄腿裤，黑色尖头鞋	后室西侧 /21	马腿、底板残，人头佚
Hzn-155	骑马文吏俑 C 型	残长 22、高 31，人高 23，马残高 23.3	小冠	内着低圆领广袖橘红色长襦，外穿橘红裲裆，腰系红带，下穿窄腿裤，黑色尖头鞋	后室东侧 /57	马耳、马尾、人冠残，人颈有裂痕

续表

器号	名称	尺寸（厘米）	冠帽和发式	服饰	出土位置 / 原标签号	完残情况
Hzn-156	骑马文吏俑 A 型	长 24、高 30.5，人高 22.5，马高 24.7	小冠	内着低圆领广袖橘红色长襦，外穿橘红裲裆，腰系红带，下穿窄腿裤，黑色尖头鞋	后室东侧 /94	马腿、底板残
Hzn-157	甲骑具装俑	长 20.4、高 28，马高 25，人高 21、剑长 8.3、剑鞘长 9.1、刀鞘长 7.2	白色圆顶兜鍪	上穿白色窄袖长襦，肩披镶红边鱼鳞甲披膊，下穿白色窄腿裤，腿面外加虎皮甲，脚穿黑色尖头鞋	后室西侧 /20	底板有裂痕
Hzn-158	甲骑具装俑	长 20.4、高 28，马高 25，人高 21、剑长 8.3、剑鞘长 9.1、刀鞘长 7.2	白色圆顶兜鍪	上穿白色窄袖长襦，肩披镶红边鱼鳞甲披膊，下穿白色窄腿裤，腿面外加虎皮甲，脚穿黑色尖头鞋	原签遗失	马腿裂痕人足残
Hzn-159	吹奏骑马俑	残长 22.8、修复后高 29.7，马高 24，人高 22	圆顶折角风帽	上着橘红色圆领右衽长襦，腰系带，下穿白色窄腿裤，脚穿圆头鞋	后室东侧 /96	马腿、马背鬃、马尾、人臂、底板残
Hzn-160	骑马俑	残长 23.3、残高 24.5，人高 21，马残高 18	圆顶折角风帽	上着橘红色高圆领窄袖长襦，下穿白色窄腿裤，脚穿黑尖头鞋	后室封门前 /46	马腿、马耳、马尾残，人身裂痕，底板佚
Hzn-161	着花袍骑马俑	残长 26、残高 22.5，人残高 17.4，马残高 21		上穿窄袖花袍，腰系红带，下穿窄腿裤，脚穿黑色圆头鞋	后室封门前 /45	马腿、耳、尾，人手残，人头，底板佚
Hzn-162	戴卷沿帽骑马俑	通长 22、通高 28.8，人高 21，马高 25	圆顶卷沿风帽	内着橘红色窄长袖短襦，外披白色短袖右衽长襦，腰系黑带，下穿白色窄腿裤，脚穿尖头鞋	后室封门前 /44	完整
Hzn-163	月牙髻侍女俑 A 型	高 18.7	单髻，两端翘角的月牙状高髻	穿大翻领窄长袖短襦，下着高束腰背带裙，双肩背带，脚穿黑色圆头鞋	原签遗失	完整
Hzn-164	月牙髻侍女俑 A 型	高 19	单髻，两端翘角的月牙状高髻	穿大翻领窄长袖短襦，下着高束腰背带裙，双肩背带，脚穿黑色圆头鞋	墓室封门前 /73	颈裂痕

续表

器号	名称	尺寸（厘米）	冠帽和发式	服饰	出土位置 / 原标签号	完残情况
Hzn-165	月牙髻侍女俑 A 型	高 19.2	单髻，两端翘角的月牙状高髻	穿大翻领窄长袖短襦，下着高束腰背带裙，双肩背带，脚穿黑色圆头鞋	墓室封门前 /75	足残
Hzn-166	月牙髻侍女俑 B 型	高 19.2	单髻，左右圆角的半月状高髻	穿大翻领窄长袖短襦，下着高束腰背带裙，双肩背带，脚穿黑色圆头鞋	后室封门前 /52	颈裂痕
Hzn-167	月牙髻侍女俑 A 型	高 18.9	单髻，两端翘角的月牙状高髻	穿大翻领窄长袖短襦，下着高束腰背带裙，双肩背带，脚穿黑色圆头鞋	墓室封门前 /76	完整
Hzn-168	月牙髻侍女俑 A 型	高 14.6		穿大翻领窄长袖短襦，下着高束腰背带裙，双肩背带，脚穿黑色圆头鞋	原签遗失	头佚
Hzn-169	背壶形器女俑	残高 17.2，壶形器高 7		上穿橘红窄袖短襦，下穿高束腰曳地长裙，脚穿圆头鞋	原签遗失	头佚足残
Hzn-171	跪侍女俑	高 13.5	双螺髻	上穿白色低圆领内衣，外罩橘红色交领左衽长袖短襦，腰束白色百褶曳地长裙，裙摆垂至地面	后室东侧 /76	完整
Hzn-172	跪侍女俑	高 13.8	双螺髻	上穿橘红色低圆领内衣，外罩白色交领左衽长袖短襦，腰束赭红色百褶曳地长裙，裙摆垂至地面	后室封门前 /43	完整
Hzn-173	跪侍女俑	高 10		上穿橘红色低圆领内衣，外罩白色交领左衽长袖短襦，腰束白色百褶曳地长裙，裙摆垂至地面	墓室封门前 /111	头佚身残
Hzn-174	跪侍女俑	高 9.9		上穿橘红色低圆领内衣，外罩白色交领左衽长袖短襦，腰束赭红色百褶曳地长裙，裙摆垂至地面	墓室封门前 /95	头佚身残
Hzn-175	跪侍女俑	高 9.8		上穿白色低圆领内衣，外罩橘红色交领左衽长袖短襦，腰束赭红色百褶曳地长裙，裙摆垂至地面	墓室封门前 /75	头佚身残
Hzn-176	跪侍女俑	高 10		上穿橘红色低圆领内衣，外罩白色交领左衽长袖短襦，腰束赭红色百褶曳地长裙，裙摆垂至地面	墓室封门前 /74	头佚
Hzn-319	骑骆驼俑	通高 33.3，骆驼体宽 19、体长 22.2	黑色圆帽	上着窄袖长襦，下穿窄腿裤，脚穿黑色尖头鞋	原签遗失	骆驼尾残，俑左臂残，彩绘脱落严重。

附表二　墓室出土动物陶塑一览表（24 件）

器号	名称	尺寸（厘米）	形态	分布位置 / 原标签号	完残情况
Hzn-177	羊	长 15.6、高 10.5	白色绵羊，跪伏状，引颈翘头	后室封门前 /16	完整
Hzn-178	羊	长 15.6、高 10.5	白色绵羊，跪伏状，引颈翘头	后室封门前 /42	完整
Hzn-179	羊	长 15.6、高 10.5	白色绵羊，跪伏状，引颈翘头	墓室封门前 /56	完整
Hzn-180	羊	长 15.6、高 10.5	白色绵羊，跪伏状，引颈翘头	墓室封门前 /57	残

器号	名称	尺寸（厘米）	形态	分布位置 / 原标签号	完残情况
Hzn-181	羊	长 15.6、高 10.5	白色绵羊，跪伏状，引颈翘头	墓室封门前 /69	身裂
Hzn-182	羊	长 15.6、高 10.5	白色绵羊，跪伏状，引颈翘头	墓室封门前 /109	完整
Hzn-183	羊	长 15.6、高 10.5	白色绵羊，跪伏状，引颈翘头	原签遗失	完整
Hzn-184	羊	长 15.6、高 10.5	白色绵羊，跪伏状，引颈翘头	后室封门前 /6	完整
Hzn-185	羊	长 15.6、高 10.5	白色绵羊，跪伏状，引颈翘头	后室东侧 /63	完整
Hzn-186	羊	残长 12、高 10.5	白色绵羊，跪伏状，引颈翘头	后室东侧 /64	残
Hzn-187	鸡	长 11.5、高 8	公鸡，引颈，卧地状	墓室封门前 /70	完整
Hzn-188	狗	狗团径 10.6、体卧高 3.9	狗体团缩成圆形，头尾相接	后室封门前 /39	完整
Hzn-189	狗	团狗径 11.1、体卧高 3.8	狗体团缩成圆形，头尾相接	后室封门前 /36	完整
Hzn-190	猪	长 18.5、卧高 6.9	伏卧状，长片状猪鬃突起	后室东侧 /58	残
Hzn-191	猪	长 18.5、卧高 6.9	伏卧状，长片状猪鬃突起	后室东侧 /91	身裂
Hzn-192	猪	长 18.5、卧高 6.9	伏卧状，长片状猪鬃突起	墓室封门前 /108	完整
Hzn-193	猪	长 18.5、卧高 6.9	伏卧状，长片状猪鬃突起	后室封门前 /21	完整
Hzn-194	猪	长 18.5、卧高 6.9	伏卧状，长片状猪鬃突起	墓室封门前 /68	完整
Hzn-195	猪	长 18.5、卧高 6.9	伏卧状，长片状猪鬃突起	后室封门前 /17	完整
Hzn-196	猪	长 18.5、卧高 6.9	伏卧状，长片状猪鬃突起	墓室封门前 /67	身裂
Hzn-197	猪	长 18.5、卧高 6.9	伏卧状，长片状猪鬃突起	原签遗失	完整
Hzn-198	镇墓兽	长 21.8、高 31	兽蹲立状，昂首挺胸，血口大张，圆头，竖耳，狗面	后室西侧 /1	耳残
Hzn-243	大马	长 30、高 37.5	高头大马，配饰华丽	原签遗失	耳、腿残底板裂痕
Hzn-244	大马	长 30、高 37.5	高头大马，配饰华丽	墓室封门前 /55	底板裂痕

附表三　墓室出土陶器一览表（41 件）

器号	名称	尺寸（厘米）	形制	分布位置 / 原标签号	完残情况
Hzn-199	红陶碗	高 7.1、口径 13.5、底径 5.7、足高 0.6	薄唇微侈，壁微鼓，实足	后室西北角 /137	口残有裂纹
Hzn-200	红陶碗	高 6.5、口径 13.5、底径 5.2、足高 0.6	薄唇微侈，壁微鼓，实足	原签遗失	完整
Hzn-202	灰陶碗 A 型	高 6.5、口径 10.3、底径 4.2、足高 0.6	直口，腹壁直，实足略外撇，足外缘略平	后室西侧 /25	完整
Hzn-203	灰陶碗 A 型	高 6.5、口径 10.3、底径 4、足高 0.6	直口，腹壁直，实足略外撇，足外缘略平	后室西侧 /43	口微残
Hzn-204	灰陶碗 A 型	高 6.9、口径 10.2、底径 4、足高 0.6	直口，腹壁直，实足略外撇，足外缘略平	后室西侧 /27	口微残
Hzn-205	灰陶碗 A 型	高 6.5、口径 9.8、底径 4.1、足高 0.5	直口，腹壁直，实足略外撇，足外缘略平	后室西侧 /28	完整

器号	名称	尺寸（厘米）	形制	分布位置／原标签号	完残情况
Hzn-206	灰陶碗 B 型	高 5、口径 9.6、底径 4.5、足高 0.6	薄唇微敛，口外壁略内收，向下弧壁微外鼓，实足，足外缘略尖	后室西侧 /41	完整
Hzn-207	灰陶碗 B 型	高 5、口径 8.5、底径 3.7、足高 0.7	薄唇微敛，口外壁略内收，向下弧壁微外鼓，实足，足外缘略尖	后室西侧 /42	有裂纹
Hzn-208	灰陶碗 B 型	高 5、口径 9.6、底径 4、足高 0.7	薄唇微敛，口外壁略内收，向下弧壁微外鼓，实足，足外缘略尖	后室西侧 /26	完整
Hzn-209	灰陶碗 B 型	高 5、口径 9.2、底径 4、足高 0.5	薄唇微敛，口外壁略内收，向下弧壁微外鼓，实足，足外缘略尖	后室西侧 /39	口微残
Hzn-210	灰陶碗 B 型	高 5、口径 8.2、底径 3.7、足高 0.5	薄唇微敛，口外壁略内收，向下弧壁微外鼓，实足，足外缘略尖	后室西侧 /38	完整
Hzn-211	灰陶碗 B 型	高 5.2、口径 9.2、底径 4.1、足高 0.7	薄唇微敛，口外壁略内收，向下弧壁微外鼓，实足，足外缘略尖	后室西侧 /24	完整
Hzn-212	灰陶碗 B 型	高 4.5、口径 8.2、底径 3.7、足高 0.7	薄唇微敛，口外壁略内收，向下弧壁微外鼓，实足，足外缘略尖	后室西侧 /29	完整
Hzn-213	灰陶碗 B 型	高 5、口径 8.4、底径 3.5、足高 0.6	薄唇微敛，口外壁略内收，向下弧壁微外鼓，实足，足外缘略尖	后室西侧 /40	完整
Hzn-214	圆扣盒	高 2.5、口径 10.2、底径 9.5	子口，直口圆唇，略内敛；平底	后室西侧 /48	完整
Hzn-215	圆扣盒	高 2.5、口径 10.2、底径 9.5	子口，直口圆唇，略内敛；平底	后室西侧 /31	完整
Hzn-216	圆扣盒	高 2.7、口径 10.2、底径 9.8	子口，直口圆唇，略内敛；平底	后室西侧 /33	有裂纹
Hzn-217	圆扣盒	高 2.2、口径 10.3、底径 10	子口，直口圆唇，略内敛；平底	后室西侧 /46	完整
Hzn-218	圆扣盒	高 2.5、口径 9.8、底径 9.4	子口，直口圆唇，略内敛；平底	后室西侧 /47	完整
Hzn-219	圆扣盒	高 2.2、口径 9.8、底径 9.5	子口，直口圆唇，略内敛；平底	后室西侧 /32	完整
Hzn-220	圆扣盒	高 2.2、口径 9.9、底径 9	子口，直口圆唇，略内敛；平底	后室西侧 /34	口残
Hzn-221	圆扣盒	高 2.2、口径 9.1、底径 8.9	子口，直口圆唇，略内敛；平底	后室西侧 /44	完整
Hzn-222	圆盖	高 1.6、口径 10.8	沿内敛，尖圆唇，弧壁，盖顶圆拱形	后室西侧 /80	口残
Hzn-223	圆盖	高 1.8、口径 10.9	沿内敛，尖圆唇，弧壁，盖顶圆拱形	后室西侧 /45	口残
Hzn-224	灶	火墙残高 13、宽 12、厚 8 厘米，锅高 6 厘米，炉高 4、宽 5.2 厘米	火墙上窄下宽，阶梯状，正面开火门，背面方形火炉，上置锅	原签遗失	残
Hzn-225	罐	高 9.5、外口径 8.2、内口径 5.7、腹径 11、底径 5	口外撇，圆唇，短束颈，溜肩，鼓腹，小平底	后室西侧 /107	完整

器号	名称	尺寸（厘米）	形制	分布位置/原标签号	完残情况
Hzn-226	罐	高 9.5、外口径 8.2、内口径 5.7、腹径 11、底径 4.9	口外撇，圆唇，短束颈，溜肩，鼓腹，小平底	后室东侧 /148	完整
Hzn-227	罐	高 8.7、外口径 8.4、内口径 5.8、腹径 11、底径 4.9	口外撇，圆唇，短束颈，溜肩，鼓腹，小平底	后室东侧 /145	完整
Hzn-228	罐	高 9、外口径 8.2、内口径 5.8、腹径 11.1、底径 4.8	口外撇，圆唇，短束颈，溜肩，鼓腹，小平底	后室西侧 /138	完整
Hzn-229	罐	高 8.8、外口径 8.3、内口径 6.1、腹径 11、底径 5	口外撇，圆唇，短束颈，溜肩，鼓腹，小平底	后室棺床东侧 /144	完整
Hzn-230	大罐	高 18、外口径 10.7、内口径 8.6、腹径 20、底径 7.8	侈口，沿外翻，圆唇，短束颈，丰肩，深腹，小平底	后室西侧 /18	完整
Hzn-231	大罐	高 19、外口径 10.3、内口径 8.4、腹径 19、底径 9.4	侈口，沿外翻，圆唇，短束颈，丰肩，深腹，小平底	后室西侧 /22	完整
Hzn-232	螭柄鸡首壶	通高 40.2、盘高 1.3、盘口外径 10.7、盘口内径 9.9、颈高 11、腹径 23、底径 10.5	浅盘口，长颈，肩腹贴塑、划刻花鸟纹、螭柄，腹斜直，小平底	原签遗失	口有裂纹
Hzn-233	螭柄鸡首壶	通高 38.9、盘高 1.2、盘口外径 10、盘口内径 8.4、颈高 11.3、腹径 22、底径 10.4	浅盘口，长颈，肩腹贴塑、划刻花鸟纹、螭柄，腹斜直，小平底	后室西侧 /108	口有裂纹，修复底
Hzn-234	瓶	通高 29.5、盘口外径 9.8、盘口内径 7.6、颈高 9.4、腹径 18.5、底径 10	喇叭口，平沿，长颈，腹斜直，平底	后室西侧 /16	完整
Hzn-235	大盘	高 4、口径 42、底径 37.5	薄直口，盘面中心略高，弧壁，平底	后室西侧 /36	完整
Hzn-236	大盘（修）	高 4.5、口径 43.2、底径 39.7	薄直口，盘面中心略高，弧壁，平底	原签遗失	残
Hzn-237	灯	通高 30、盏径 11.9、柄长 20.5、底径 13.5	灯盏浅钵状，灯柄上细下粗，灯座覆钵状	后室西侧 /19	修复完整
Hzn-238	灯（修）	通高 29.8、盏径 12.1、柄长 20.5、底径 13.5	灯盏浅钵状，灯柄上细下粗，灯座覆钵状	后室西侧 /46	盏裂纹，柄残
Hzn-239	灯	通高 29、盏径 11.4、柄长 19、底径 13	灯盏浅钵状，灯柄上细下粗，灯座覆钵状	后室西侧 /102	完整
Hzn-240	灯（修）	通高 29.5、盏径 11.4、柄长 19.5、底径 13	灯盏浅钵状，灯柄上细下粗，灯座覆钵状	后室西侧 /103	修复完整

附表四　墓室出土釉陶器一览表（2件）

器号	名称	尺寸（厘米）	形制	完残情况	备注
Hzn-241	螭柄鸡首壶	残高 35.8、颈高 9.7、腹径 21、底径 12.1	盘口外撇，圆唇，圆溜肩，下腹斜收，平底，颈腹饰凤鸟、莲、螭等	残	原签遗失
Hzn-242	螭柄鸡首壶	残高 35.5、颈高 8.9、腹径 19.8、底径 12.3	盘口外撇，圆唇，圆溜肩，下腹斜收，平底，颈腹饰凤鸟、莲瓣、螭等	残	原签遗失

附表五　"门前"出土部分陶俑头与墓室出土陶俑身粘接修复表（6件）

器号	名称	残存状况	备注
Hzn-113	垂臂执物武士俑	头颈与身体粘接	归入墓室出土遗物
Hzn-163	月牙髻侍女俑	头颈与身体粘接	归入墓室出土遗物
Hzn-13	执盾武士俑	头颈与身体粘接	归入墓室出土遗物
Hzn-19	执盾武士俑	头颈与身体粘接	归入墓室出土遗物
Hzn-130	曲臂武士俑	头颈与身体粘接	归入墓室出土遗物
Hzn-148	三棱风帽武士俑	头颈与身体粘接	归入墓室出土遗物

附表六　"门前"出土陶俑残片整理一览表（41件）

器号	名称	尺寸（厘米）	残存状况	出土位置/原标签号	备注
Hzn-245	执盾武士俑 A 型	23.5	修复完整		
Hzn-246	执盾武士俑 A 型	23.5	修复完整		
Hzn-247	执盾武士俑 A 型	23.5	修复完整		
Hzn-248	执盾武士俑 A 型	23.5	修复完整		
Hzn-249	垂臂执物武士俑 B 型	21.5	修复完整		
Hzn-250	双手执物武士俑	23.4	修复完整		
Hzn-251	执盾武士俑 B 型	残高 18	头佚身残		
Hzn-252	执盾武士俑 B 型	残高 17.8	头佚身残		
Hzn-253	执盾武士俑 B 型	残高 18	头佚身残		
Hzn-254	执盾武士俑 B 型	残高 14.5	下身残缺	门前/门前残俑片 7、门前残俑片 12、门前残俑片 13、门前残俑片 16	
Hzn-255	执盾武士俑 B 型	残高 11.5	仅存右腿		
Hzn-256	执盾武士俑 A 型	残高 17.5	头佚身残		
Hzn-257	执盾武士俑 A 型	残高 12	下身残缺		
Hzn-258	执盾武士俑 A 型	残高 16	下身残缺		
Hzn-259	垂臂执物武士俑 B 型	残高 17.5	头部、上身残缺		
Hzn-260	笼冠俑	残高 18	头佚足残		
Hzn-261	笼冠俑	残高 15.5	仅存部分袍衣摆		
Hzn-262	笼冠俑	残高 10.5	头部、下身残		
Hzn-263	文吏俑	残高 14.5	仅存一腿		
Hzn-264	提裙侍女俑	残高 13	仅存下身前半部		※ 表示墓室内没有出现。下同
Hzn-170	挎包袱女俑	残高 10	仅存身体中段		※

器号	名称	尺寸（厘米）	残存状况	出土位置 / 原标签号	备注
Hzn-265	戴围脖武士俑	残高 9.3	仅存颈部和左肩	门前 / 门前残俑片 7、 门前残俑片 12、 门前残俑片 13、 门前残俑片 16	※
Hzn-266	大陶俑残片	残高 28.6、残宽 13，厚 0.9~2.5	仅存上身部分明光铠，腰部，部分衣摆		※
Hzn-267	戴兜鍪俑头 A 型	残高 12.5	仅存头颈和上身局部		※
Hzn-268	戴兜鍪俑头 B 型	残高 6	仅存头部		※
Hzn-269	戴兜鍪俑头 A 型	残高 6.3	仅存头部		※
Hzn-270	戴圆顶折角风帽俑头	残高 5.5	仅存头部		※
Hzn-271	戴笼冠俑头	残高 6.3	仅存头部		※
Hzn-272	戴笼冠俑头	残高 6.4	仅存头部		※
Hzn-273	戴笼冠俑头	残高 7	仅存头部后半部分		※
Hzn-274	戴小冠俑头	残高 6.7	仅存头部		※
Hzn-275	戴兜鍪俑头 C 型	残高 5.5	仅存头部		铠甲武士俑头
Hzn-276	戴三棱风帽俑头	残高 10.5	仅存头、部分上身		三棱风帽俑头
Hzn-277	戴三棱风帽俑头	残高 7.5	仅存头部		三棱风帽俑头
Hzn-278	戴三棱风帽俑头	残高 6.5	仅存头部		三棱风帽俑头
Hzn-279	戴圆顶折角风帽俑头	残高 6	存头前半片		执盾武士俑头
Hzn-280	戴圆顶折角风帽俑头	残高 9.5	存头、一部分肩		执盾武士俑头
Hzn-281	戴圆顶折角风帽俑头	残高 5.5	仅存头部		击鼓骑马俑头
Hzn-282	戴圆顶折角风帽俑头	残高 5.3	仅存头部		执盾武士俑头
Hzn-283	垂臂执物武士俑 B 型	残高 7.5	仅存头部		
Hzn-284	垂臂执物武士俑 B 型	残高 4	仅存头部后半部分		

附表七 "门前"出土动物陶塑残片整理一览表（18 件）

器号	名称	尺寸（厘米）	残存状况	出土位置 / 原标签号	备注
Hzn-285	马头	残高 18、残长 10.5	仅存马头、马背局部	门前 / 门前残俑片 7、 门前残俑片 12、 门前残俑片 13、 门前残俑片 16	※ 表示墓室内没有出现。下同
Hzn-286	马头	残高 8.5、残长 9.5	仅存马头、马颈		※
Hzn-287	马头	残高 7、残长 8.5	仅存马头、马颈		※
Hzn-288	马头	残高 4、残长 6	仅存马头		
Hzn-289	羊头	残高 9.5	仅存头颈部和前蹄		※
Hzn-290	鸡头	残高 8.5、残长 4.3	仅存头颈部		
Hzn-291	鸡尾	残长 7	仅存尾局部		
Hzn-292	马臀	残长 8.5	仅存臀局部		※
Hzn-293	马臀	残长 9	仅存臀局部		※
Hzn-294	马臀	残长 7.5	仅存臀局部		※
Hzn-295	马臀	残长 9.5	仅存臀局部		
Hzn-296	马背	残长 18	仅存马背局部		※

续表

器号	名称	尺寸（厘米）	残存状况	出土位置/原标签号	备注
Hzn-297	镇墓兽腿	残长 12	仅存右前腿	门前/ 门前残俑片 7、 门前残俑片 12、 门前残俑片 13、 门前残俑片 16	※
Hzn-298	镇墓兽腿	残长 9	仅存腿局部		
Hzn-299	马腿		15 个残马腿		
Hzn-300	马尾	大尾长 14、小尾长 6.9	大马尾 1 个，小马尾 1 个		
Hzn-301	马踏底板	12.3×10.9 11×12.5	马踏底板 2 个		
Hzn-302	陶残片		共 25 片，无法拼接和识别		

附表八 "门前"出土陶器残片整理一览表（5 件）

器号	名称	尺寸（厘米）	残存状况	出土位置/原标签号
Hzn-303	红陶碗底	残高 4.7、底径 6.5、足高 0.8	底完整，碗壁残	门前/门前 2
Hzn-304	红陶碗底	残高 2.5、底径 6、足高 0.8	底完整，碗壁残	
Hzn-305	红陶碗残片		无底	
Hzn-306	陶片		灰陶 2 片，红陶 1 片	
Hzn-201	大红陶碗	高 8、口径 15.5、底径 5.2、足高 0.6	残，修复完整	

附表九 "门前"出土石质残片整理一览表（4 件）

器号	名称	尺寸（厘米）	残存状况	出土位置	原标签号
Hzn-307	圆石片	底径 10、高 2.3	石件剥离物	门前	3
Hzn-308	莲花石	长 15.5、宽 12，莲心径 9.3，莲瓣长 4.8、宽 4.5	大型石件表面剥离下的石片	门上	4
Hzn-309	莲花石	长 19.9、宽 12，莲瓣长 2.8、宽 5.5	大石件表面剥离下的石片	门上	4
Hzn-310	碎石块	厚 3.5	10 块不规则碎石块	门前	6

附表一〇 "门前"出土陶建筑构件残片整理一览表（4 件）

器号	名称	尺寸（厘米）	残存状况	出土位置	备注
Hzn-311	莲花瓦当	直径 14、边轮宽 1.8、缘厚 1.7	多半个瓦当	门前	
Hzn-312	莲花瓦当	边轮宽 1.8、缘厚 1.2	少半个瓦当		
Hzn-313	莲花瓦当	边轮宽 1.9、缘厚 1.3	少半个瓦当		
Hzn-314	莲花瓦当	边轮宽 1.8、缘厚 1.3	少半个瓦当		

附表一一 "门前"出土釉陶器残片整理一览表（4 件）

整理号	名称	尺寸（厘米）	残存状况	出土位置/原标签号	备注
Hzn-315	螭柄鸡首壶残片	螭首长 7、最大残片长 14.2	5 片碎片	门前/残青瓷片 2	
Hzn-316	螭柄鸡首壶残片	螭首长 8、最大残片长 9.8	5 片碎片		
Hzn-317	大盘残片	盘高 8、底厚 2.7、扣厚 0.9、扣高 1.3	7 片碎片		
Hzn-318	大盘残片	盘高 8.8、底厚 2.3、扣厚 0.8、扣高 1.9	10 片碎片		

附表一二　出土铜器、琉璃器和金银器一览表（32件）

器类	器号	名称	尺寸（厘米）		完残状况	形制
铜器	Hzn-320	鎏金铜小唾盂	高 5.5、口径 3、腹径 5.8、底径 4.5		完整	盘口，束颈，鼓腹，实足
	Hzn-321	鎏金铜碗	高 3.1、口径 8.3、底径 5.1		完整	撇口，弧腹，圈足
	Hzn-322	鎏金铜弦纹仓	高 4.1、口径 2.3、底径 4.2		完整	敛口，直壁，平底
	Hzn-323	鎏金铜小鐎斗	鐎斗：高 4.2、长 7.6、宽 6.1	把柄：长 10.2、宽 1.8、厚 0.4	壁与腹部之间有一横向裂口	鐎斗短直流，敞口，直壁斜内收，折腰，平底，腹部承以三足。把柄扁长条形，顶部为五边形
	Hzn-324	鎏金铜高足杯	高 8.2、腹径 4.2		足部开裂	敛口，圆鼓腹，腹下立一柱，承喇叭形圈足；半球形盖，宝珠纽
	Hzn-325	鎏金铜盘口壶	高 8.4、口径 2.6、腹径 5、底径 2.5		完整	盘口，长束颈，溜肩，深腹，平底
	Hzn-326	鎏金铜托盏杯	高 3.7、盏口径 3.5、托口径 6、底径 3.5		完整	托敞口，弧腹，圈足，中间立一柱，柱上承一盏；盏敞口，深腹，圈足
	Hzn-327	鎏金铜瓶	高 13.9、口径 3.5、腹径 6.9、底径 3.3		完整	撇口，细长颈，溜肩，深腹，圈足
	Hzn-328	鎏金纽盖铜盒	高 4.1、直径 4.4		完整	子母口、直壁、平底、宝珠形纽
	Hzn-329	鎏金铜烛台	通高 9.6、烛台口径 5.5、底径 3.4		完整	烛台敞口，弧腹，圈足，中央立有一柱用以插蜡烛的签，上部有 3 片等距离的铜片
	Hzn-330	鎏金铜熨斗	碟：高 1.3、口径 6.1、底径 5.4	把柄：长 7.3、宽 1.8、厚 0.2	完整	敞口，折腰，平底，把柄扁长条形，顶部为五边形抓手
	Hzn-331	鎏金铜盒	高 1.7、直径 4.6		完整	子母口，圆形体扁，平底
	Hzn-332	鎏金铜唾壶	高 11.9、口径 8、腹径 12.3、底径 9.8		完整	盘口，束颈，垂腹，实足
	Hzn-333	铜铃	高 4.4、直径 3.1		完整	椭圆形，顶有环，下有缺口，铃内有铜珠
	Hzn-334	铜铃	高 4.5、直径 3.1		完整	椭圆形，顶有环，下有缺口，铃内有铜珠
	Hzn-335	长颈球腹铜瓶	高 20.4、口径 4.5、腹径 10.2、底径 5.7		完整	撇口，细长颈，圆鼓腹，圈足
	Hzn-336	长颈铜瓶	高 20.6、口径 4.5、腹径 7.8、底径 4.9		完整	撇口，细长颈，深腹，圈足
	Hzn-337	铜井	高 20.3、长 11.1、宽 10.9		完整	井方口，圆底，呈筒形；沿两两相交"井"字形，井沿上立"大"字形架，架顶端有滑轮
	Hzn-338	圜底铜盏	高 5.6、口径 17.7		完整	敞口，弧腹，圜底
	Hzn-339	铜器座（铜镜?）	高 4.3、直径 5.3		完整	镜背光素无纹，缘窄而高，纽长条形

器类	器号	名称	尺寸（厘米）	完残状况	形制
琉璃器	Hzn-340	珠	长 2、径 1.4、壁厚 0.1	残	蓝色。水滴状，中空
	Hzn-341	珠		残	蓝色。水滴状，中空
	Hzn-342	珠		完整	蓝色。水滴状，中空
	Hzn-343	珠		完整	蓝色。水滴状，中空
	Hzn-344	高足杯	通高 5.2、口径 4.3、腹径 5	完整	黄绿色。敛口，鼓腹下收，喇叭足
	Hzn-345	梳	通高 3.5、宽 4.2、齿背厚 0.3～0.4、高 1.5、齿宽 0.1～0.2	齿部一角残	齿背上宽下窄，共 26 齿
	Hzn-346	梳	通高 3.5、宽 4.2，齿背高 1.5		齿背上宽下窄，共 26 齿
	Hzn-347	钗	长 6.4、宽 2.2、钗头间距 1	完整	平面呈 U 型，钗头为半圆形，双股为圆锥形
	Hzn-348	钗	长 6.4、宽 2.2、钗头间距 1	残	平面呈 U 型，钗头为半圆形，双股为圆锥形
金银器	Hzn-349	金耳饰	通长 4.6	完整	椭圆形，上、下为俯、仰六瓣莲纹，中部有环状凸起
	Hzn-350	银耳杯	高 2.5、长 6、宽 4.9	完整	平面呈椭圆形，两侧耳呈半月形，两沿略尖、微上翘如船形
	Hzn-351	银下颌托		残	托颌片呈勺形，两端各残存一长条

附录一 太原北齐韩祖念墓出土金属器的分析与检测

贠雅丽[1] **冯　钢**[2] **冀瑞宝**[2]

（1. 首都师范大学　2. 太原市文物考古研究所）

受太原市文物考古研究所的委托，首都师范大学承担了太原北齐韩祖念墓出土金属器的分析与检测工作，成果如下。

一、样品及检测方法

韩祖念墓共出土金属器23件，其中：金器1件、银器2件、铜器20件。鉴于这些出土金属器基本完好，故现场采用无损方法进行分析检测。检测仪器为便携式显微镜、美国尼通（Niton）公司生产的便携式X射线荧光光谱仪（XRF）。测试条件：电压50kV，电流600μA，检测时间90s。检测方法：对于金银器，直接进行化学成分的分析检测；对于鎏金铜器，则既要分析铜器基体的化学成分，又要对鎏金层进行分析检测。检测鎏金铜器基体成分时，选取铜器底部无鎏金层的部位，或器身摩擦致鎏金层脱落部位进行检测（图一）；检测鎏金层时，利用X射线荧光光谱仪电子金属模式进行检测（图二）。每件器物均面扫3～4个区域，检测成果均取自测定结果的平均值。

图一　鎏金铜弦纹仓（Hzn-332）器底（基体）　　图二　鎏金铜弦纹仓（Hzn-332）器身（鎏金层）

二、分析检测结果

韩祖念墓出土金属器共23件，本次检测未检测银下颌托。

利用 XRF 对金属器基体的成分进行分析检测，结果显示：22 件金属器中 18 件为 Cu-Sn-Pb 合金，2 件 Cu-Sn 合金，1 件 Ag-Cu 合金，1 件 Au-Ag-Cu 合金（表一）。18 件 Cu-Sn-Pb 合金中，锡含量集中在 5.331%～22.167% 之间；铅含量在 10%～20% 之间的有 5 件，铅含量高于 20% 的有 13 件，铅含量最高的可达 50.453%。

所检测的 20 件铜器中有 12 件含有杂质元素铁和锑，5 件含有锑元素，1 件含有铁元素。铁元素的含量集中在 0.207%～1.62% 之间，锑元素集中在 0.104%～0.363% 之间，这可能与当时的冶炼条件和技术水平较低，矿石中的铁、锑作为伴生元素无法完全分离有关。

利用 XRF 对鎏金层进行成分检测，结果显示：有 8 件鎏金层含金量在 20% 以上（金含量最高达 44.744%），含金量在 5%～20% 之间的有 5 件。另外 5 件铜器：铜铃（Hzn-333）、铜铃（Hzn-334）、长颈球腹铜瓶（Hzn-335）、长颈铜瓶（Hzn-336）、铜井（Hzn-337）虽只检测到少量或未检测到金，但通过显微镜观测，发现器物表面残留有鎏金处理过的痕迹。此外，我们在 12 件铜器表面发现有 Hg 元素的残留，汞含量在 0.85%～10.549% 之间，说明这批铜器是采用"汞镀金"的方式进行器物表面的鎏金处理。12 件含汞元素的器物中汞含量多少不等，有的基本检测不到，有的则高达 10.549%（如 Hzn-331），汞含量高与鎏金层厚度即鎏金次数有关。

表一　太原北齐韩祖念墓出土金属器的化学成分

文物编号	文物名称	分析部位	元素名称							
			Cu	Sn	Pb	Au	Ag	Fe	Sb	Hg
Hzn-320	鎏金铜小唾盂	瓶底	59.743	10.45	28.59	0.36	0.126	0.207	0.328	
		鎏金层	47.072	10.344	16.348	20.506	0.115	0.672	0.306	4.464
Hzn-322	鎏金弦纹铜仓	基体	60.176	9.261	29.572		0.094		0.267	
		鎏金层	45.211	8.83	9.47	29.329	0.133		0.268	6.52
Hzn-327	鎏金铜瓶	基体	59.924	10.461	28.54		0.16	0.21	0.348	
		鎏金层	42.008	10.2	21.741	21.627	0.179		0.314	3.577
Hzn-324	鎏金铜高足杯	基体	51.523	12.93	29.907	3.468				
		鎏金层	42.766	8.745	18.186	23.939	0.196		0.265	5.391
Hzn-326	鎏金铜托盏杯	基体	61.383	9.888	23.167	4.041	0.112	0.324	0.262	0.76
		鎏金层	51.361	10.074	11.164	22.992	0.141	0.345	0.231	3.552
Hzn-325	鎏金铜盘口壶	基体	52.777	11.512	29.836	4.173	0.137	0.424	0.246	0.759
		鎏金层	39.748	12.404	26.556	17.868	0.181	0.3615	0.307	2.482
Hzn-328	鎏金纽盖铜盒	基体	37.945	11.649	47.943	0.935	0.182	0.275	0.363	0.251
		鎏金层	37.938	8.753	12.259	33.552	0.175		0.242	6.486
Hzn-339	铜器座（铜镜?）	基体	65.034	22.167	10.597		0.143	1.473	0.299	
Hzn-323	鎏金铜小鐎斗	基体	64.648	10.958	19.943	3.202	0.144	0.361	0.295	0.383
		鎏金层	43.757	14.841	11.696	23.937				4.581
Hzn-329	鎏金铜烛台	基体	44.536	6.246	48.35		0.08	0.363	0.189	
		鎏金层	51.404	9.072	18.049	17.481	0.12	0.364	0.237	3.08

续表

文物编号	文物名称	分析部位	元素名称							
			Cu	Sn	Pb	Au	Ag	Fe	Sb	Hg
Hzn-330	鎏金铜熨斗	基体	39.048	8.809	50.453		0.098	0.498	0.244	
		鎏金层	36.872	13.64	40.014	6.415	0.157	0.888	0.355	0.85
Hzn-321	鎏金铜碗	基体	59.22	8.703	30.382	0.338	0.08	0.825	0.248	
		鎏金层	42.816	8.342	24.726	19.826	0.099	0.459	0.236	2.895
Hzn-331	鎏金铜盒	基体	33.65	12.304	50.421		0.178	1.312	0.36	
		鎏金层	27.959	7.904	7.968	44.744	0.122		0.202	10.549
Hzn-333	铜铃	基体	66.823	10.95	21.33		0.162		0.298	
Hzn-334	铜铃	基体	61.139	9.31	28.504		0.159		0.237	
Hzn-350	银耳杯	基体	4.948		1.098	0.74	92.814			
Hzn-349	金耳饰	基体	3.048			78.133	15.8			
Hzn-332	鎏金铜唾壶	基体	71.204	16.38	11.746		0.13	0.289	0.104	
		鎏金层	59.034	23.033	16.779	0.414	0.124	0.304	0.161	
Hzn-337	铜井	基体	76.212	5.331	17.427		0.169	0.248	0.502	
Hzn-338	圜底铜盏	内壁基体	73.194	25.924	0.265				0.12	
		外壁锈蚀	86.592	3.896	0.158	8.494		0.307		
Hzn-336	长颈铜瓶	外壁基体	74.908	13.199	11.373				0.225	
Hzn-335	长颈球腹铜瓶	外壁基体	69.67	12.359				1.62		

由于金的化学性质相对稳定，因此通常认为，铜器表面施鎏金层可以阻止外界环境对铜器基体的腐蚀，起到保护铜器基体的作用。但是韩祖念墓鎏金铜器却并非如此：有的器物表面鎏金层锈蚀严重，如鎏金铜碗（Hzn-321）表面覆盖一层锈蚀产物（图三、图四）；有的鎏金层脱落严重，如铜铃（Hzn-333、Hzn-334）（图五）；有的鎏金层致密光亮，如鎏金铜盒（Hzn-331）表面光泽明亮（图六），其金含量为44.744%。可能是由于鎏金层与基体之间孔隙的存在，使得鎏金层不能完全阻止外界环境对基体的腐蚀。

图三　鎏金铜碗（Hzn-321）

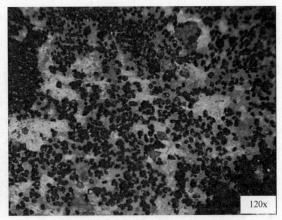

图四　鎏金铜碗（Hzn-321）鎏金层表面锈蚀产物

图五　铜铃（Hzn-333、Hzn-334）鎏金脱落　　　　图六　鎏金铜盒（Hzn-331）表面光亮

　　通过显微镜观察，部分无鎏金铜器表面施有鎏金层，但鎏金层有很多划痕，如铜井（Hzn-337）（图七）、长颈球腹铜瓶（Hzn-335）（图八）。这可能与金本身质地柔软，在鎏金处理过程中擦划留下的印痕，也有可能是使用过程中留下的痕迹。

图七　铜井（Hzn-337）表面划痕　　　　图八　长颈球腹铜瓶（Hzn-335）残留鎏金痕迹和划痕

　　圜底铜盏（Hzn-338）（图九），铜含量 73.194%，锡含量 25.924%，属于高锡铜器。外壁呈织网状锈蚀，经观察与其表面纹饰的纹理一致。锈层较厚，其上残留有鎏金层（图一〇），经检

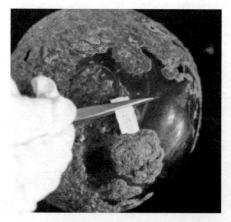
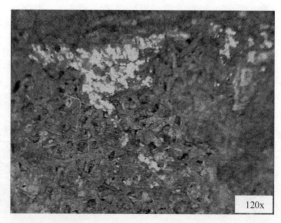

图九　圜底铜盏（Hzn-338）表面黑漆古　　　　图一〇　圜底铜盏（Hzn-338）外壁"织网状"鎏金层

测含金量 8.494%。该器物表面局部呈漆黑发亮玻璃质黑漆古。根据以往的研究显示只有含锡量高于 17% 的铜器才会有光亮玻璃质表面层，含锡量低的铜器则不能其生成。

金耳饰（Hzn-349）（图一一）经检测为 Au-Ag-Cu 合金，含金 78.133%，含银 15.8%，含铜 3.048%，铸造成型。银金矿是古代比较常见的一种金银合金矿，银含量在 50% 以下，金含量在 50% 以上，根据金耳饰（Hzn-349）成分分析结果和器物表面光泽，推测应是使用了银金矿加工制造而成。

银耳杯（Hzn-350）（图一二）经检测含银 92.814%、铜 4.948%、铅 1.098%、金 0.74%，锤揲而成。自然界中含银的矿物主要是辉银矿（Ag_2S），常与铜矿、铅锌矿或铜铅锌矿等组成的多金属矿体伴生。《山海经》有云："铜山其上多金银铁"，说明古人已认识到银与铜矿伴生的现象。在中国古代，"灰吹炼银法"是生产银的方法，利用铅易于与银互溶的特点，往银矿中加铅生成"银铅陀"，将银与其他杂质分离，再将"银铅陀"置于灰坑中，通入空气，鼓风焙烧，铅被氧化成氧化铅，沉入炉底，实现银铅分离和银的提纯。根据以上分析，银耳杯（Hzn-350）应是使用了含银的铜矿经过"灰吹炼银法"加工而成的。

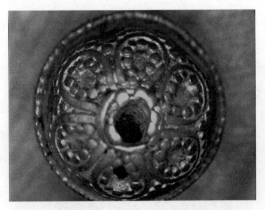

图一一　金耳饰（Hzn-349）

图一二　银耳杯（Hzn-350）

附录二　太原北齐韩祖念墓出土琉璃器的分析与检测

贠雅丽[1]　冯　钢[2]　冀瑞宝[2]

（1. 首都师范大学　2. 太原市文物考古研究所）

受太原市文物考古研究所的委托，首都师范大学承担了太原北齐韩祖念墓出土琉璃器的分析与检测工作，成果如下。

一、样品及检测方法

韩祖念墓共出土琉璃器9件，计：琉璃高足杯1件（图一），琉璃梳2件（图二），琉璃钗2件（图三），琉璃珠4件。本次检测亦采用无损方法进行分析检测。检测仪器为便携式显微镜、美国尼通（Niton）公司生产的便携式X射线荧光光谱仪（XRF）。测试条件：电压50kV，电流600μA，检测时间90s。检测方法：对于琉璃器进行化学成分的分析检测。每件器物均面扫3~4个区域，检测成果均取自测定结果的平均值。

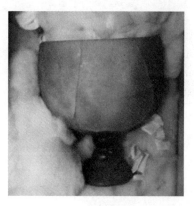

图一　琉璃高足杯（Hzn-344）

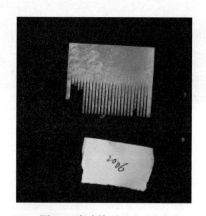

图二　琉璃梳（Hzn-345）

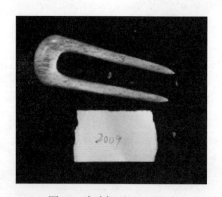

图三　琉璃钗（Hzn-347）

二、分析检测结果

本次检测未检测琉璃珠，仅对琉璃高足杯、琉璃梳、琉璃钗进行分析检测，结果显示，上述琉璃器主要有 Si、Ca、K 等元素（表一）。中国古代琉璃自起源起就有仿玉倾向，从形制看，韩祖念墓出土的琉璃梳、琉璃钗像玉器，从成分上分析又是琉璃器，应属于琉璃仿玉器。琉璃高足杯则是典型的西域器型，但从其成分配比分析，韩祖念墓出土的琉璃高足杯是中国本土的钾玻璃技术工艺制成。该器物的出土，为研究中古时代中西方技术与文化交流提供实物资料。

表一　韩祖念墓出土琉璃器成分分析

文物编号	文物名称	元素名称					
		Si	S	Fe	Pb	Ca	K
Hzn-344	高足杯	32.293	1.026	0.624	0.005	5.444	1.608
Hzn-345	梳	29.413	0.168	0.256		8.667	0.065
Hzn-346	梳	31.231	0.228	0.224	0.002	8.672	0.073
Hzn-348	钗	0.124	0.103	0.162	0.051	4.709	0.065
Hzn-347	钗	0.146	0.101	0.045		6.872	

制造琉璃的主要原料为石英砂，但石英砂的熔点为 1750℃，这样的温度在古代技术条件下是很难达到的，因此古人通过在原料中添加助熔剂的方式来降低石英砂的熔制温度。通常的助熔剂为自然纯碱、草木灰或铅丹，此外还需要加一些石灰石作为稳定剂。通常认为，中国古代的琉璃有铅钡玻璃（以氧化铅助熔）和钾玻璃（以氧化钾助熔）两类，而在古代西方，地中海及西亚沿海的一些地区则是钠钙玻璃（以氧化钠助熔）。魏晋南北朝时期，西方具备实用功能的钠钙玻璃容器传入中国，《北史·西域传》中记载："（魏）太武时，其国（月氏）人商贩京师，自云能铸石为五色玻璃。于是采矿与山中，即京师铸之，既成，光泽乃美于西方来者。乃召为行殿，容百余人，光色映彻，观者见之，莫不惊骇，以为神明所作。自此，国中琉璃遂贱，人不复珍之。"即可说明当时都城平城地区已经有西域人在此制作玻璃。

后　记

　　韩祖念墓位于太原市万柏林区大井峪村。1982年秋季，太原市文物管理委员会对韩祖念墓进行了考古发掘工作。墓葬文物出土后即被封存库房，至今已有三十多年，其间经过机构改置，人员变迁，当年的考古机构已经变更为太原市文物考古研究所，曾经亲历一线的发掘人员如今已是两鬓霜染，就连当年的煤气化工程项目，也服役到期，被天燃气所替代。世事变迁，往事云烟。韩祖念墓出土文物静静地躺在时间的长河中，虽默无声息，却牵绊着太原两代考古人的心弦。2013年初夏，为配合太原市博物馆展陈工作，更是为了完成这项考古工作，太原市文物考古研究所召开专门会议，由所长周富年、副所长常一民牵头组织，启动了韩祖念墓发掘报告的编写工作。多年以来，参与此项目的工作人员辛勤工作，无私付出，查阅资料，反复修改，终于完成了报告的编写工作。

　　韩祖念墓出土遗物有陶俑、陶器、釉陶器、铜器、金银器、琉璃器等，达数百件之多。2013～2014年，利用两年时间，在市考古所资料室主任陈庆轩带领下，张玲、白宇峰、袁学瑞、张速成等同志，逐箱核对清点韩墓文物，常常一干就是几个小时。文物出库后，接下来的数月时间，仍然是这几位同志，对器物表面凝结物进行了初步清理，由于韩墓文物发掘出土时，受现场条件所限，发掘人员只对文物稍作整理、编号后就直接装箱运回库房，一放就是三十多年，很多吸附在器表的泥土，已经干燥板结，极难清除，动作的轻重缓急都要格外注意，稍不留神就会对陶器彩绘造成破坏，此项工作繁重、琐碎。更为细致的文物清理和封护工作由市考古所文物保护室的同志完成，在刘晚香主任的指导下，郝月仙、魏捷、樊柯柯、乔梁、淡育龙等同志使用封护液对器物逐一处理，从而有效地保护了陶质文物的彩绘层。铜器是出土的另一大宗器物，数量多，均为精致的小型器物，可惜长期受有害物质侵蚀，锈迹斑斑，病害重重，文保室同志想方设法、精益求精地完成了铜器文物保护工作。陶器和铜器的清理保护工作为下一阶段的文物修复、绘图、拍照和文字整理工作打下了良好的基础。

　　文物修复、器物绘图和摄影工作由多人合作完成。刘粉英和淡甲泉二位同志承担了器物的修复工作；朱岁明绘制了出土物线图和墓葬平面图，郭瑢在此基础上为每张线图补绘了比例尺，并为线图拼图做了大量工作。山西省考古研究院畅红霞老师给予我们热忱地帮助，他利用休息时间，承担了器物拍照和部分器物线图补绘，他的辛苦付出为本报告的图版增添了很多光彩。淡甲泉和原江二位同志也对部分器物进行了拍照。在此，对大家的辛勤劳动表示最诚挚的感谢。

　　《太原北齐韩祖念墓》报告的编写历时多年，这部书稿的完成是原太原市文物管理委员会、太原市文物考古研究所集体工作的成果。首先，我们不能忘记为本报告编写提供无私帮助的原市文物管理委员会张崇颜、阎跃进先生，他们作为当年韩墓发掘的一线工作者，为我们提供了墓葬原始发掘资料。张崇颜先生不顾年迈体弱，欣然撰写了本书第一章的内容，他回顾了当年考古工作过程和他的切身感受，娓娓道来，使人既身临其境，又多受教益。书稿写作受到太原市文物考古所领导高度重视，2018年是市考古所成立二十周年，所里特将这部书稿列为建所二十周年成果之一，从资金保障和人员安排方面予以全力支持和配合。所长周富年多次召开专门会议，审阅文稿，督促工作进度。副所长常一民精心策划、认真指导，从书稿体例到审阅、汇总、出版，事无巨细，亲力亲为，倾注了很多精力和心血。这里还要特别感谢山西博物院渠传福老师和山西省考古研究院王俊老师对书稿写作的关心和指导，两位老师是北朝考古的资深专家，他们对太原地区北朝墓葬的深入研究给我们提供了很多有益的启发和帮助。

全书共分五章，由出土文物描述、相关研究成果、科学检测成果、图表图版几部分组成，大致按照出土文物的种类进行编排。本报告项目负责人是彭娟英。文稿撰写由周富年、彭娟英、冯钢、龙真、白宇峰、冀瑞宝六人完成。第二章、第三章、第四章之陶质遗物由彭娟英、周富年撰写完成，第四章之其他质地遗物的铜器、琉璃器、金银器由冯钢、冀瑞宝撰写，第四章之其他质地文物的墓志和其他石质文物由龙真完成，第四章之墓葬壁画由白宇峰、彭娟英完成。第五章由四部分组成，彭娟英撰写陶质遗物初步研究、壁画初步研究，冯钢、冀瑞宝撰写出土铜器初步研究，龙真撰写墓志文释读部分。另外，众所周知，韩祖念墓独具特色的铜器和琉璃器自出土之后就格外引人注目，鎏金铜器小巧别致、琉璃高足杯冰清玉洁，为了解这些器物材质组成，太原市文物考古研究所特别委托首都师范大学承担了金属器、琉璃器的科学分析和检测工作，首都师范大学的负雅丽老师与冯钢、冀瑞宝合作撰写了《太原北齐韩祖念墓出土金属器的分析与检测》和《太原北齐韩祖念墓出土琉璃器的分析与检测》两篇科学检测报告收录于附录中。书稿结集在望，向上述各位作者日复一日的伏案写作和由此所取得的成果表示祝贺和感谢。

《太原北齐韩祖念墓》是太原地区继《北齐东安王娄睿墓》《隋代虞弘墓》《太原沙沟隋代斛律彻墓》之后又一北朝大型墓葬考古成果，它向社会公布了三十多年前原太原市文物管理委员会的一项重大考古发现，既是对前辈考古人辛勤工作的最好交代，也是后学之辈在业务领域的一次重要实践。

书稿付梓之际，我们要特别感谢山西大学历史文化学院赵杰教授的支持，本报告编辑、校稿由山西大学研究生胡一平同学承担，她认真细致的工作态度体现了山西大学严谨的学术风气。感谢科学出版社的孙莉、蔡鸿博老师为本报告的编辑出版付出的辛勤劳动。谢谢大家！

编　者
2019年9月初

墓志拓片

图版二

北壁墓主夫妇坐帐图摹本

北壁坐帐图上方莲花图摹本

西壁牛车出行图摹本

东（西）壁上方莲花图摹本

东壁鞍马回归图摹本

1.南壁东侧莲花图摹本　　　　　　2.南壁西侧莲花图摹本

南壁莲花图摹本

1.西壁牛车出行图局部

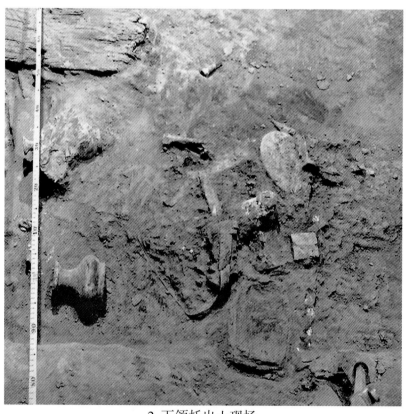

2.下颌托出土现场

壁画局部和出土现场

1.正面

2.背面

3.左侧面

4.右侧面

执盾武士俑A型（Hzn-23）

1. 正面

2. 背面

3. 左侧面

4. 右侧面

垂臂执物武士俑A型（Hzn-85）

1. 正面

2. 背面

3. 左侧面

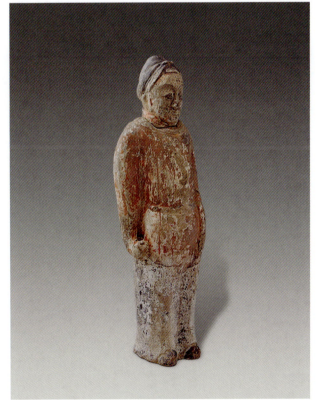

4. 右侧面

垂臂执物武士俑B型（Hzn-117）

图版一四

1. 正面

2. 背面

3. 左侧面

4. 右侧面

曲臂武士俑A型（Hzn-135）

1. 正面

2. 背面

3. 左侧面

4. 右侧面

曲臂武士俑B型（Hzn-138）

1. 正面

2. 背面

3. 左侧面

4. 右侧面

曲臂武士俑C型（Hzn-134）

1. 正面

2. 背面

3. 左侧面

4. 右侧面

曲臂武士俑D型（Hzn-137）

1. 正面

2. 背面

3. 左侧面

4. 右侧面

三棱风帽武士俑（Hzn-148）

1. 正面

2. 背面

3. 左侧面

4. 右侧面

佩剑武士俑（Hzn-150）

1. Hzn-151左侧　　　　　　　　　　　　2. Hzn-151右侧

3. Hzn-152左侧　　　　　　　　　　　　4. Hzn-152右侧

击鼓骑马俑

1. Hzn-156左侧

2. Hzn-156右侧

3. Hzn-153左侧

4. Hzn-153右侧

骑马文吏俑A型

1. B型（Hzn-154）左侧

2. B型（Hzn-154）右侧

3. C型（Hzn-155）左侧

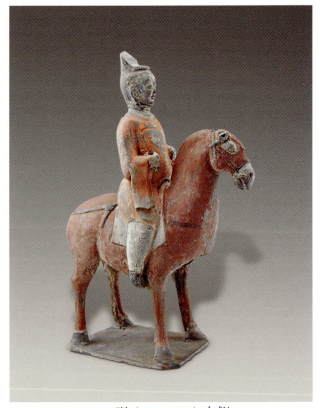

4. C型（Hzn-155）右侧

骑马文吏俑

1. Hzn-157左侧

2. Hzn-157右侧

3. Hzn-158左侧

4. Hzn-158右侧

甲骑具装俑

1. 吹奏骑马俑（Hzn-159）左侧

2. 吹奏骑马俑（Hzn-159）右侧

3. 骑马俑（Hzn-160）左侧

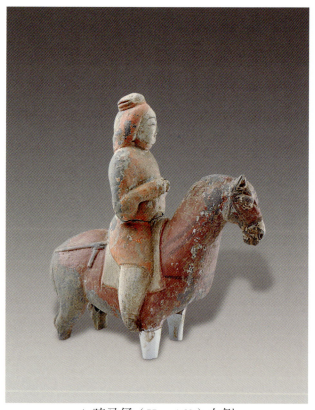

4. 骑马俑（Hzn-160）右侧

骑马俑

1. 着花袍骑马俑（Hzn-161）左侧

2. 着花袍骑马俑（Hzn-161）右侧

3. 戴卷沿帽骑马俑（Hzn-162）左侧

4. 戴卷沿帽骑马俑（Hzn-162）右侧

骑马俑

1. 左侧

2. 右侧

3. 背面

4. 正面

5. 局部

骑骆驼俑（Hzn-319）

1. 正面

2. 背面

3. 左侧面

女官俑（Hzn-140）

1. 正面

2. 背面

3. 左侧面

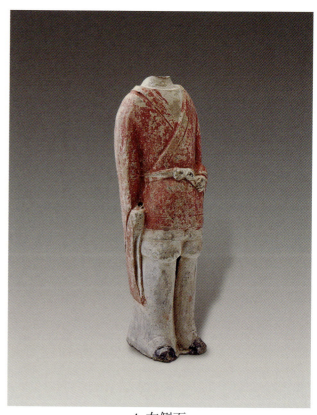

4. 右侧面

文吏俑（Hzn-144）

1. 正面

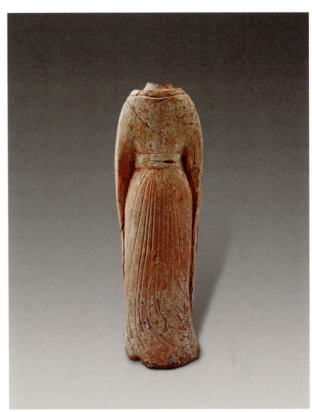

2. 背面

3. 右侧面

笼冠俑（Hzn-145）

1. 正面

2. 背面

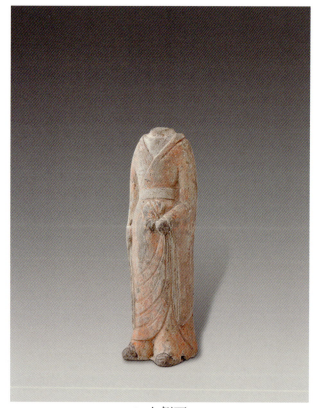

3. 左侧面

4. 右侧面

笼冠俑（Hzn-146）

1. 正面

2. 背面

3. 左侧面

4. 右侧面

月牙髻侍女俑A型（Hzn-163）

1. 正面

2. 背面

3. 左侧面

4. 右侧面

月牙髻侍女俑A型（Hzn-164）

1. 正面

2. 背面

3. 左侧面

4. 右侧面

月牙髻侍女俑B型（Hzn-166）

1. 正面

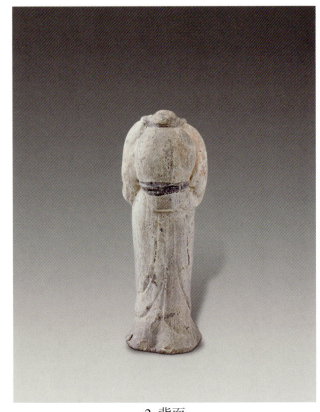

2. 背面

3. 左侧面

4. 右侧面

背壶形器女俑（Hzn-169）

1. 正面

2. 背面

3. 左侧面

4. 右侧面

跪侍女俑（Hzn-171）

1. 正面

2. 背面

3. 左侧面

跪侍女俑（Hzn-173）

1.正面

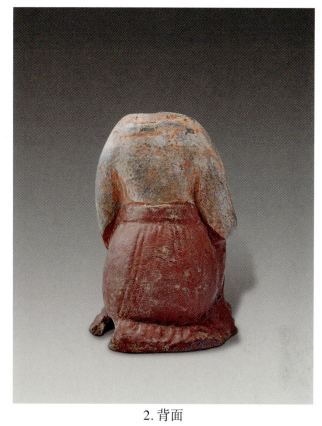

2.背面

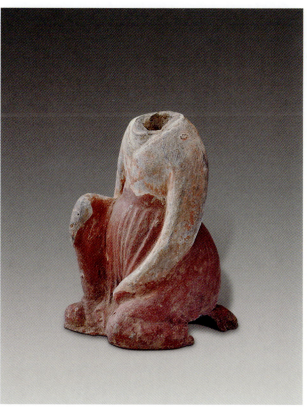

3.左侧面

4.右侧面

跪侍女俑（Hzn-175）

1. 正面

2. 侧面、背面

跪侍女俑（Hzn-174、Hzn-176）

1. 正面

2. 背面

3. 左侧面

4. 右侧面

镇墓武士俑（Hzn-1）

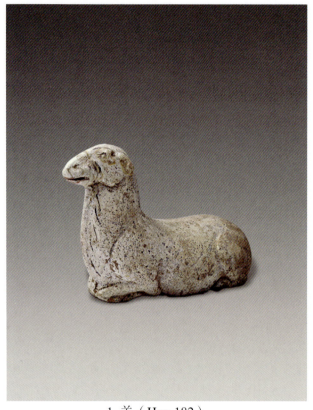

1. 羊（Hzn-182）

2. 鸡（Hzn-187）

3. 狗（Hzn-189）

4. 猪（Hzn-192）

动物陶塑

1. 镇墓兽（Hzn-198）

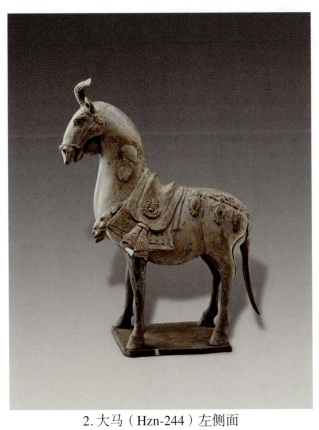

2. 大马（Hzn-244）左侧面

3. 大马（Hzn-244）右侧面

动物陶塑

1. Hzn-208

2. Hzn-209

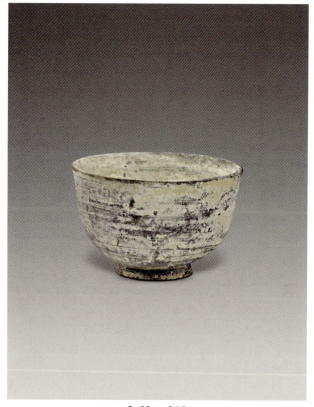

3. Hzn-210

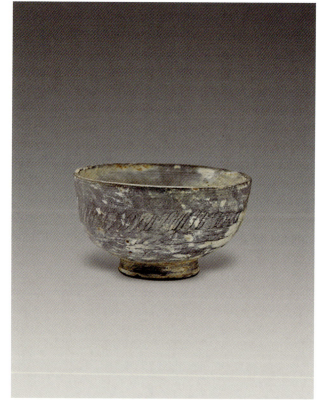

4. Hzn-212

灰陶碗B型

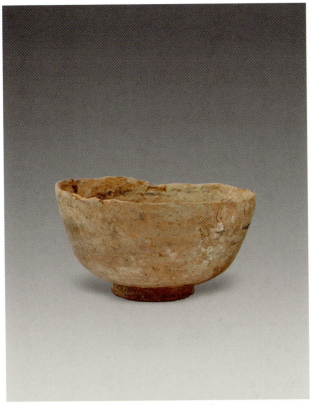

1.红陶碗（Hzn-199）

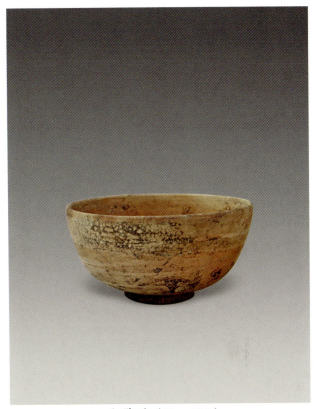

2.红陶碗（Hzn-200）

3.红陶碗（Hzn-200）

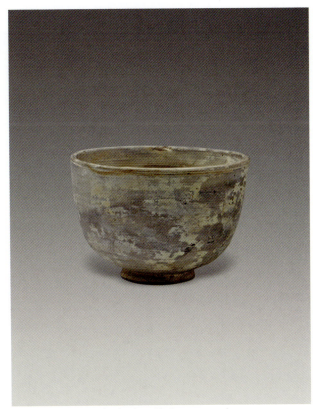

4.灰陶碗A型（Hzn-203）

陶碗

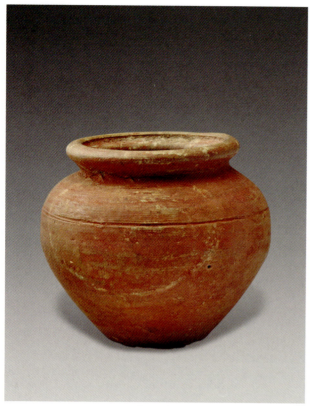

1. Hzn-225

2. Hzn-226

3. Hzn-227

陶罐

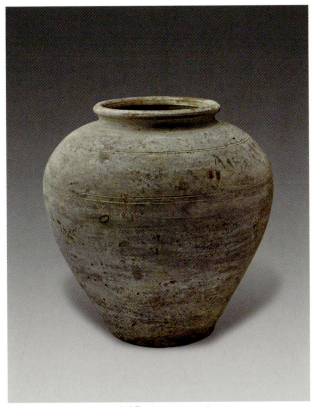

1. 大罐（Hzn-231）

2. 大盘（Hzn-235）

陶器

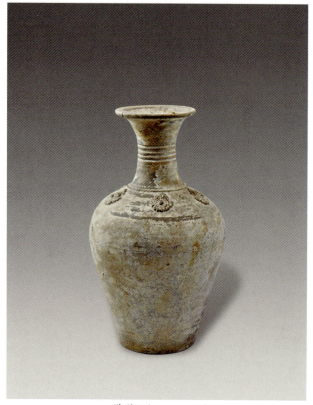

1. 陶瓶（Hzn-234）

2. 陶灯（Hzn-237）

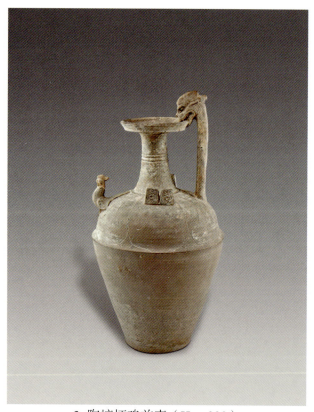

3. 陶螭柄鸡首壶（Hzn-233）

4. 釉陶螭柄鸡首壶（Hzn-242）

陶器和釉陶器

1. 圆扣盒（Hzn-217）

2. 圆盖（Hzn-222）

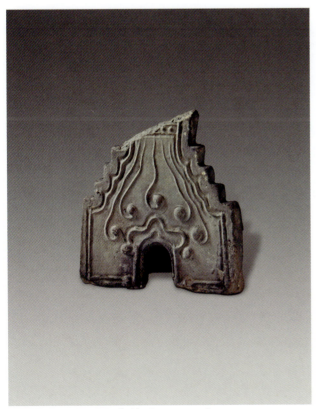

3. 陶灶（Hzn-224）

4. 陶灶（Hzn-224）

陶器

1. Hzn-256

2. Hzn-257

3. Hzn-258

执盾武士俑A型

1. Hzn-251

2. Hzn-252

3. Hzn-253

4. Hzn-254

5. Hzn-255

执盾武士俑B型

1. 正面

2. 背面

3. 左侧面

4. 右侧面

挎包袱女俑（Hzn-170）

1. 双手执物武士俑（Hzn-250）

2. 文吏俑（Hzn-263）

3. 提裙侍女俑（Hzn-264）

4. 大陶俑残片（Hzn-266）

陶俑残片

1. Hzn-249

2. Hzn-259

3. Hzn-283

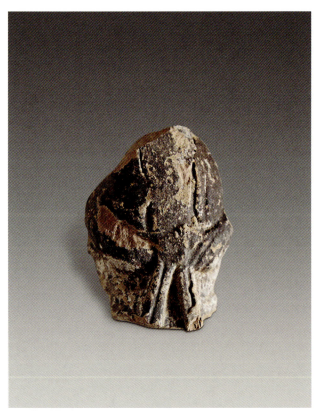

4. Hzn-284

垂臂执物武士俑B型

1. 笼冠俑（Hzn-260）

2. 笼冠俑（Hzn-261）

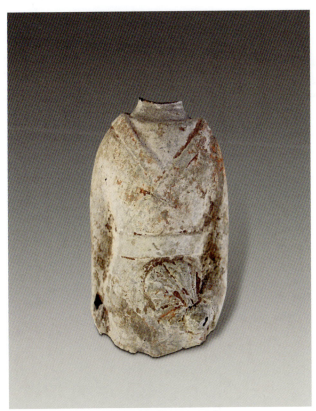

3. 笼冠俑（Hzn-262）

4. 戴围脖武士俑（Hzn-265）

陶俑残片

1. 戴笼冠俑头（Hzn-271）

2. 戴笼冠俑头（Hzn-272）

3. 戴笼冠俑头（Hzn-273）

4. 戴小冠俑头（Hzn-274）

陶俑残片

1.戴兜鍪俑头A型（Hzn-267）

2.戴兜鍪俑头A型（Hzn-269）

3.戴兜鍪俑头B型（Hzn-268）

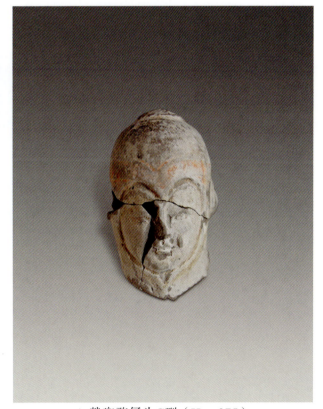

4.戴兜鍪俑头C型（Hzn-275）

陶俑残片

1. Hzn-276

2. Hzn-277

3. Hzn-278

戴三棱风帽俑头

1. Hzn-270

2. Hzn-279

3. Hzn-280

4. Hzn-281

5. Hzn-282

戴圆顶折角风帽俑头

1. Hzn-245

2. Hzn-246

3. Hzn-247

4. Hzn-248

执盾武士俑A型

1. 马头（Hzn-287）

2. 马头（Hzn-287）

3. 马头（Hzn-287）

4. 马头（Hzn-288）

5. 马头（Hzn-288）

6. 马头（Hzn-288）

动物陶塑残片

1. 羊头（Hzn-289）

2. 羊头（Hzn-289）

3. 羊头（Hzn-289）

4. 鸡头（Hzn-290）

5. 鸡尾（Hzn-291）

6. 马尾（Hzn-300）

动物陶塑残片

1. 马臀（Hzn-292）

2. 马臀（Hzn-293）

3. 马臀（Hzn-294）

4. 马臀（Hzn-295）

5. 马背（Hzn-296）

6. 镇墓兽腿（Hzn-297）

动物陶塑残片

1. 马头（Hzn-285）

2. 马头（Hzn-285）

3. 马头（Hzn-285）

4. 马头（Hzn-286）

5. 马头（Hzn-286）

6. 马头（Hzn-286）

动物陶塑残片

1. 镇墓兽腿（Hzn-298）

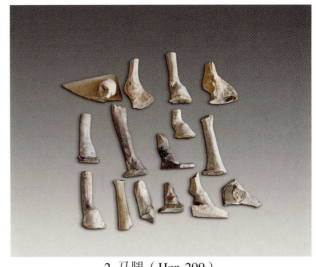

2. 马腿（Hzn-299）

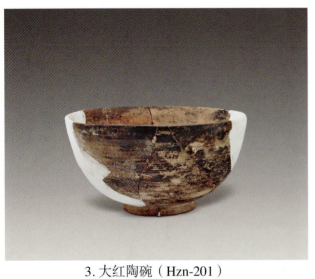

3. 大红陶碗（Hzn-201）

4. 红陶碗底（Hzn-304）

5. 红陶碗底（Hzn-304）

6. 红陶碗底（Hzn-304）

动物陶塑和陶器残片

1.红陶碗底（Hzn-303）

2.红陶碗底（Hzn-303）

3.红陶碗残片（Hzn-305）

4.红陶碗残片（Hzn-305）

5.莲花瓦当（Hzn-311）

6.莲花瓦当（Hzn-312）

红陶碗和莲花瓦当残片

1. 莲花瓦当（Hzn-313）

2. 莲花瓦当（Hzn-314）

3. 圆石片（Hzn-307）

4. 圆石片（Hzn-307）

5. 莲花石（Hzn-308）

6. 莲花石（Hzn-309）

莲花瓦当残片和石质遗物

1. 高足杯（Hzn-324）

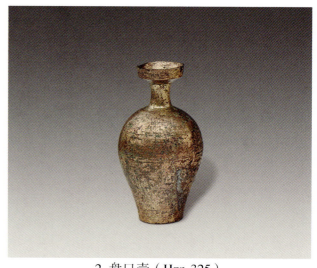

2. 盘口壶（Hzn-325）

3. 托盏杯（Hzn-326）

4. 托盏杯（Hzn-326）

5. 瓶（Hzn-327）

6. 纽盖盒（Hzn-328）

鎏金铜器

1. 鎏金烛台（Hzn-329）

2. 鎏金熨斗（Hzn-330）

3. 鎏金盒（Hzn-331）

4. 鎏金盒（Hzn-331）

5. 鎏金唾壶（Hzn-332）

6. 铃（Hzn-333、Hzn-334）

铜器

1. 长颈球腹瓶（Hzn-335）

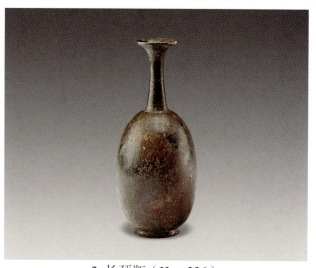

2. 长颈瓶（Hzn-336）

3. 井（Hzn-337）

4. 圜底盏（Hzn-338）

5. 圜底盏（Hzn-338）

6. 器座（铜镜？）（Hzn-339）

铜器

1. 小唾盂（Hzn-320）

2. 小鐎斗（Hzn-323）

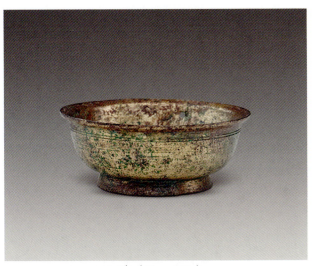

3. 碗（Hzn-321）

4. 碗（Hzn-321）

5. 弦纹仓（Hzn-322）

6. 弦纹仓（Hzn-322）

鎏金铜器

1. 珠（Hzn-340）

2. 珠（Hzn-341）

3. 珠（Hzn-342）

4. 珠（Hzn-343）

5. 钗（Hzn-347）

6. 钗（Hzn-348）

琉璃器

1. 高足杯（Hzn-344）

2. 高足杯（Hzn-344）

3. 高足杯（Hzn-344）

4. 高足杯（Hzn-344）

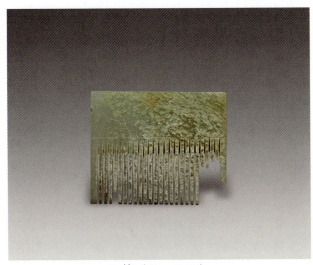

5. 梳（Hzn-345）

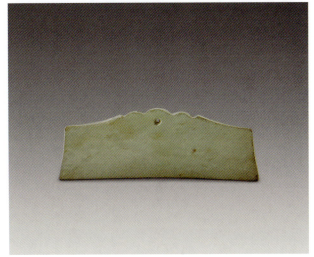

6. 梳（Hzn-346）

琉璃器

1.金耳饰（Hzn-349）

2.金耳饰（Hzn-349）

3.银耳杯（Hzn-350）

4.银耳杯（Hzn-350）

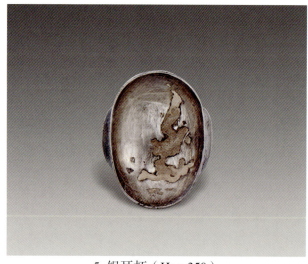

5.银耳杯（Hzn-350）

6.银下颌托（Hzn-351）

金银器